一页纸实践松下幸之助经营理念

［日］浅田卓 著

姚继东 译

机械工业出版社

本书介绍了"一页纸"工作法,并从工作的角度对其概念及应用进行了详细阐述。此外,书中还引用了很多日本"经营之神"松下幸之助的名言,总结了松下幸之助对人生、工作、经营的基本理念。读完此书,你只需要一页纸以及三色笔,就可以轻松安排工作、执行工作,取得意想不到的完美结果。通过书写"一页纸"你就能够将松下幸之助的理念得以实践。

-CHOYAKU YORI CHO-JISSEN- "KAMI ICHIMAI!" MATSUSHITA KONOSUKE

Copyright © 2018 by Suguru ASADA
First published in Japan in 2018 by PHP Institute, Inc.
This Simplified Chinese edition published by arrangement with PHP Institute, Inc.
through Eric Yang Agency
Representative Office Simplified Chinese translation rights China Machine Press.

本书由PHP Inc授权机械工业出版社在中华人民共和国境内(不包括香港、澳门特别行政区及台湾地区)出版与发行。未经许可之出口,视为违反著作权法,将受法律之制裁。

北京市版权局著作权合同登记　图字:01-2019-4108号

图书在版编目(CIP)数据

一页纸实践松下幸之助经营理念 /(日)浅田卓著;姚继东译.—北京:机械工业出版社,2019.12
ISBN 978-7-111-64131-5

Ⅰ.①一⋯ Ⅱ.①浅⋯②姚⋯ Ⅲ.①松下幸之助(1894-1989)-企业管理-经验 Ⅳ.① F413.366

中国版本图书馆 CIP 数据核字(2019)第 257768 号

机械工业出版社(北京市百万庄大街22号　邮政编码 100037)
策划编辑:刘怡丹　责任编辑:李佳贝　刘怡丹
责任校对:李　伟　责任印制:张　博
三河市宏达印刷有限公司印刷
2020年1月第1版第1次印刷
145mm×210mm・6.625印张・1插页・119千字
标准书号:ISBN 978-7-111-64131-5
定价:45.00元

电话服务　　　　　　　　　网络服务
客服电话:010-88361066　　机 工 官 网:www.cmpbook.com
　　　　　010-88379833　　机 工 官 博:weibo.com/cmp1952
　　　　　010-68326294　　金 书 网:www.golden-book.com
封底无防伪标均为盗版　　　机工教育服务网:www.cmpedu.com

序言

▶ 学了很多却"无法实践的人和能够学以致用的人"

"即使读了很多商业书籍,却总是不能应用于工作……"

"即使学了很多却无法付诸行动,经常毫无收获地不了了之……"

"对未来总会感到一丝不安,无论做什么都考虑得过多,结果束之高阁……"

这些都是我二十几岁时在工作中的实际感受。

而正在读这本书的你,对于这些感受是否也似曾相识呢?

本书正是为了那些有以上的感受,且每天在兢兢业业奋斗着的商业人士所作。

或者是那些迄今为止读了很多商业书籍,结果却陷入"商业书籍没什么用""反正基本上大同小异"这样心灰意冷的境地的人,我也希望你们一定要读读本书。

如果你心中已经稍微有了一些头绪,请你试着回答以下的问题。

当你阅读商业类、自我开发类以及实用类书籍的时候,你所持有的态度接近于下列三种中的哪一种呢？

态度1："理解了"书中所写的内容再去尝试。

态度2：书中所写的内容让我"有了干劲"再去尝试。

态度3：对于书中所写的内容"不管怎样"先去尝试。

如果你属于态度1型或者态度2型的读者，正是由于有这样的读书态度，才使你有"即使读了商业书籍也不能应用于工作""即使学了很多也无法掌握""这样那样考虑过多，从而止步不前"等原因。

为什么这么说呢？

首先，如果你是带着"理解了"才去做的态度去读书，那么当你读书时一旦遇到一些稍微难懂的且不明白的地方，就会只凭这个态度做出以下的判断。

"这个不适合自己""我无法理解这样的形式""完全不得要领"等，会找出各种各样的理由，从而止住迈向实践的步伐；或者即使开始实践了，在稍微感到一点"不明白"的时候，便无法继续坚持下去。

越是那些认为遇到不明白的地方就不去做是理所当然的人，在阅读本书的过程中就要更加注意了。

接下来，对于那些觉得书的内容有意思才会去做，也就是当情感受到触及后"有了干劲"才去做的态度2的读者,貌似也难以将书中的内容付诸实践。

说得更明确一点,也就是从"读书后三天开始,顶多一周之内"就要开始付诸实践了。

正如古语"三天打鱼,两天晒网"说的那样,我们的干劲和积极性在短时间内就会枯竭,这是一种"自然的规律"。

因此,对于那些读书后"有了干劲才去做"的人来说,相当于从一开始就宣布自己是"没常性的人,做不下去了"。

此外,对于那些持有"不管怎样"先去做,也就是态度3的读者,就不会发生这种情况。"在做的过程中,也许会越来越感兴趣""在做的过程中,会越来越明白",因为他们持有这样乐观的态度,懂得是否去做与是否明白书的内容、书的内容是否有趣并没有关系。

这是由于他们首先选择了"不管怎样先坚持一段时间"。

这才是最关键的要点,各位读者是否能够理解呢?

也就是说,持有态度3的读者,不会将"理解了""有干劲了"作为是否付诸实践的先决条件。

无论怎样"行动优先"。不管是读书还是工作,这都是最基本的态度。

我们在购买书籍的时候，应该是那时正好遇到了一些困难，或者想要解决什么问题。而那时的自己正因为"不是很清楚"如何去应对这些问题，才会向书籍求助。

就像这里所写的"不是很清楚"一样，既然读书的前提是自己缺乏认知与见解，所以读书后不能立刻明白，也是很自然的。

尽管如此，因为书中有一点不太明白的地方，就断然认为这本书"对自己来说太超前了""还是不要读了"的读者是大有人在的。

令人遗憾的是，越是那些学习意愿高、经常阅读商业书籍的人，越容易持有这样光说不做的想法。

读到这里时，各位读者的感觉怎么样呢？

是否已经将"理解了""有干劲了"默认为前提条件了呢？请大家利用阅读此书的机会来自我检查一下。

▶ "通俗易懂"的商业书籍，阻碍了读者的行动

"无论如何先去做"，这类行动优先的人，属于少数派。

这究竟是为什么呢？

接下来我要说一些宏观点的话题。

进入 21 世纪以来，我们经常会看到诸如"极简×××　图解版""极简×××　故事版""通过漫画理解×××"之类的商业书籍。

这样的书籍用上述三种读书态度来评析的话，可以说是满足了读者们"明白了吗""有意思吗"等需求。

然而，这种风格的书籍被大量出版超过 15 年之后，"将书中所读到的内容应用到自己工作中去"的商业人士，究竟有没有增加呢？

要我说不但没有增加，反而"商业书都是大同小异""净是些无聊的书""书的质量每年都在下降"之类批评的声音不绝于耳。

在这样的背景下，我们来看当今的商业书籍，恕我直言，出版社常出版一些"容易懂的""有趣的"书，结果直接导致了"只要明白了，就满足了""只要有了干劲，就满足了"这类读者的增加。

这是我的强烈感受。

如果没有"能懂""有意思"之类的理由，就没有想要动手去实践的意思。

那样"不行动"的商业人士，作为读者正在逐渐增加。

而出版方也继续顺应读者这样的需求，不断地加量推出前文所述的那些系列图书。

这些举动，对于减少"不行动"的读者，是根本的解决对策吗？我所看到的现象是，反而陷入一种增加"不行动"读者的负循环的怪圈中。

➤ "超译书"的问题提出

除了图解、故事以及漫画类，还有一类是近年来诞生出多部畅销作品的商业书籍类别。

它就是"超译书"。

所谓超译，指的是对于名人们所说的话，不只是简单地将原文翻译出来，更是要积极地加入译者的解释，以"易懂"或者"有趣"为优先条件译出。

然而，事实上，迄今为止在我所读过的超译书中，让我觉得"这个很棒"的作品几乎没有。这是由于以前的超译书，都是以"懂了再做""有了干劲再做"这样的读书态度为假想条件。

对于那些难以理解的原文，不管怎样先超译成容易懂的文字。有的书籍甚至都没有将原文和超译文一并记载，或者没有明确记载原文的出处。如果是看重读者"是否易懂",读了这样的书也许确实是变得"容易懂了"。

或者是对于那些看重书籍外观是否有质感,以及豪华包装是否有仪式感的读者来说,也会受到某种情感的触及吧。

通过接触名人名言,总会让人产生一种自己也与伟人更加靠近的"感受"。或者说,通过反复阅读、推敲伟人的名言,迸发出胸中的激情、鼓起了心中的干劲。好像突然获得一种"意识",对于有这样的意识也会心存感激。

然而,从以态度3型的"行动优先"派读者的角度来看,现在的超译本中有很多令人感到困惑的地方。

即使通过超译变成易懂的文字,内容依然是抽象的,这样的例子并不少见。

抱着"先尝试着去做"态度的读者,出于"好的,先采取行动吧"的想法来读现在的超译书,然而所看到的却是:

"做好心理准备" ⟶ 具体来说怎样做好心理准备呢?

"具有强烈的意识" ⟶ 做什么才能使意识变得强烈呢?

"下定决心" ⟶ 怎么做才能够坚定信心呢?

诸如此类,让人感到疑惑的表达。

也就是说，这类书籍只记述了"什么是重要的"，却并没有写明"具体应该怎么做才好"。

这样一来，即使抱着"无论怎样先做做看"的态度来读书，也无法付诸行动。因为这是"不明白"之前的问题。因为没有写具体怎样做才好，那么自然也就"无法行动"。

如果把上述内容用一段话概括，就是迄今为止的超译书，懂是容易懂，读了之后感觉也很有趣，但对工作却难以有所帮助。

不仅是超译书，目前整个商业书籍市场中这样本末倒置的书籍有很多，对于我认识到的这个根本性的问题，如果能从读者那里获得些许的理解或共鸣我将十分高兴。

▶ 为什么会对当前的商业书籍提出这样的疑问呢？

在这里，请允许我做一个迟到的自我介绍。

我平时所做的工作是通过企业培训、演讲、工作坊等形式"推广商务技能"。具体的方法是"一页纸"归纳术。

正如文字所写的那样，我们推广的是将工作中所用的资料用"一页纸"进行归纳的技术，说的再通俗一点就是，我们主要传达的是通过"'一页纸'整理思路的方法"。

- 被大量信息搞得晕头转向的大脑，仅通过3分钟书写"一页纸"就能将思路整理清晰的方法。

- 将归纳的内容短时间内整理在"一页纸"中，并且用通俗易懂的方式传达给对方。

- 通过"一页纸"进行时间管理以及支持养成习惯的行动。

通过教给大家这样的技能，来帮助各位减少加班、提高业绩、提升职场的管理能力等，解决工作中遇到的各种问题，实现各位的愿望。我所做的正是这样的工作。

而且，我还是三本商业书籍的作者。作为商业书籍的爱好者，我从二十岁左右开始就坚持每年阅读100册以上的商业书籍。正因为如此，我才能把握住目前商业书籍的大势潮流。

原本应该为解决商业人士的困扰而搭桥铺路的商业书籍，反而成为他们"行动优先"的绊脚石。

对于商业书籍市场这样的现状，我感受到强烈的危机感。

"即使读了商业书籍也无法应用在工作中""商业书籍没什么帮助……"

面对发出那样叹息的读者们，我能不能使用迄今为止超过30万读者推崇的"一页纸"方法，向大家奉献出一部前所未有的且能够打破现状的商业书籍呢？

我绞尽脑汁思考后的结果，就是呈现在读者们面前的这本书。

▶ 现在需要的不是"超译书"，而是绝对有帮助的"超实践书"

终于做好了准备。

请允许我和各位分享阅读本书前所要拥有的世界观和问题意识。

为了将读书学到的技能应用于工作，需要的不是"超译书"而是"超实践书"。

能够支持"行动优先"这样读书态度的名人名言书，是日本的商业环境更加需要的。

这是与"超译书"相比，更应该用"超实践书"来形容的新内容。

"超译"和"超实践"。

虽然两个词语的外形比较相似，但实际意思却大相径庭。原本就是两个不应该放在一起记述的表达。

说起来两者究竟有哪些不同呢？答案是"主语"。

"超译"的主语是"作者"。作者如何将难以理解的原文简明易懂、掰开揉碎地解释。这个词偏重于作者译文的能力。

"超实践"的主语却是作为"读者"的你。

你所读的内容在工作中能应用多少,取决于你的实践程度,作者只是向读者提供支持。在此范围内,作者将原文掰开揉碎地解释得通俗易懂,或者解释得风趣幽默。

为了成为主角(读者)们眼中"实践后绝对有用的商业书",我提笔写了本书。而书中所使用的关键方法,正是刚刚介绍过的通过书写"一页纸"的思路整理法。我所提倡的这种思路整理法,截至本书出版发行时已经有超过 7000 名读者学习过,是一种实用的商务技能。

我们从不同行业、职业、年龄段的学员那里,收到了各种各样的体验信息,描述了他们培训前后的对比状态。诸如"减少了加班""完成了之前无论如何也无法完成的营业目标""通过了晋升考试""跳槽到理想的公司""实现了期盼已久的独立,从第一年开始就挣到了白领时代一年以上的收入"等。

唤醒那些"不实践也无所谓的被动人群",使他们成为"不断实践的自立、自律的人"。不仅解决了自身存在的问题、实现了自己的愿望，还踏上了"自由自在"的人生之路。

仅仅通过书写"一页纸"，就能够磨练出现代商业人士所必须拥有的"自立"和"自信"。这就是"一页纸"思维框架得到那么多人支持的理由。

如果将其方法应用在"实践伟人的名言"中，会有什么样的效果呢？

由此诞生了这本别具一格、独一无二的名言集！

▶ 所谓的"一页纸"松下幸之助是什么？

接下来的问题是"应该选哪位伟人"。这位留下了大量应该在工作中实践的名言的人物究竟是谁呢？

我的脑海中情不自禁地浮现出一个人，他就是松下幸之助。

尽管如此，在年轻一代的商业人士中，越来越多的人甚至不知道松下幸之助是何许人也。

对于松下幸之助的粉丝、追捧者自然不用多说，即使你是一个对松下幸之助一无所知的初学者也能够读下去，这是我在撰写本书时所特别注意的。读者们只要具备以下程度的预备知识就够了。

- 他是今年（2018年）迎来创业100周年的松下电器的创始人。

- 他被称为"经营之神"，至今仍对人们产生影响的人物。

- 他出版的著作达60多部，其中包括发行量雄踞日本最畅销图书排行榜第2名的《道路无限宽广》等，是日本具有代表性的商业书籍作者。

由于其他介绍松下幸之助的生平和简介的书籍不胜枚举，感兴趣的读者们在读过本书后去了解一下就可以了。

重要的是，在本书中，进行了在以往松下幸之助的书中见不到的独特尝试，这个尝试就是：

只通过书写"一页纸"，就能够将实践松下幸之助名言的方法解释明白。

通过简单具体的行为或动作，就能够将名言从纸上搬到现实的行动中去。谁都可以将其应用于工作中，并且从中获益。

不是"明白了"或是"感动了"后获得满足，而是"实践"之后获得满足。

这就是本书的书名中所蕴含的世界观。

> **为什么现在应该实践松下幸之助的名言？**

这是我在序章中想写的最后一个问题。

为什么本书要采用松下幸之助的名言呢？

所要列举的理由太多了，我将主要的理由归纳为三点。

◆ 理由1：松下幸之助是践行"无论如何先尝试去做"理念的最高典范。

在你的周围，正在实践"行动优先"的商业人士有多少？

或者说，在你书架上的商业类、自我开发类、实用类书籍中，有多少能够让"行动优先"的人马上实践的内容呢？

我想说的是"周围能够作为参考的人太少了……"

相信一定有很多人存在上面的困惑。

如果让我给这些困惑的读者们介绍一位彻底贯彻"行动优先"的商业人士，我的脑海中首先浮现出来的人物，就是松下幸之助。

松下幸之助并没有学习过高深的经营理论，甚至都没有上过高中和大学。即便如此，他依然被尊称为"经营之神"，时至今日依然对众多商业人士产生着影响。

如果松下幸之助属于"明白之后再做"的"思考优先"型的人,毫无疑问他应该有很多"搞不明白的东西"。

他会因为理论与实践严重脱节而不会采取行动,也就不会成就创造历史的伟业。而且,松下幸之助从年轻时起就体弱多病。有一段时期甚至不得不停止工作去疗养身体。

有的人即使持有"有了干劲再去做"这样的观点,很多时候也是"难以保持积极性"的。

但他依然是那个凡事往积极的方面想,默默地做好每天要做的事情,持续践行着"无论如何先尝试去做"的人。

这就是松下幸之助。

对于那些倾向于无论什么事情都不去尝试也无所谓的商业人士,或者具有这种倾向的商业书籍的读者们,希望你们能多读一些松下幸之助的名言。

希望你们能够切实掌握实践导向的工作方法。

- ◆ 理由2:正因为是松下幸之助,因此与"超译"相比更是"超实践"。

耶稣、尼采、释迦牟尼、孔子、空海法师、吉田松阴……

作为超译书题材的人物的原书以及言行录等,基本上都非常晦涩难懂。

与他们相比，松下幸之助的话显得非常通俗易懂。

由于他经常使用比喻、打比方、亲身经历以及口语化的方式表达出来，因此他的许多文章很容易让人理解。

如果你是一名学习意愿非常高的读者，相信你一定已经对松下幸之助的书籍烂熟于胸。事实上我在大学时代，曾经沉浸在图书馆中如饥似渴地阅读了几十本松下幸之助语录形式的著作。

由于松下幸之助多采用一些平易近人的表达方式，所以对超译书的题材来说，他并不算是合适的人物。

但从另一个观点来看，正因为现在的超译书不怎么以"实践"为目的，所以，迄今为止，松下幸之助的书并没有被选为超译书的对象。

而这次，我写此书的目的并不是"满足于通过超译来理解"，而是旨在"获得超实践的学习，对工作产生帮助从而获得满足"。松下幸之助可以说是符合本书基调的这种世界观最为合适不过的人物。

我将不会偏离"如何将'一页纸'方法应用于每天的工作中"这个轴心，将名言和实践方法结合起来为大家进行介绍。

第一次接触松下幸之助名言的读者与那些已经知道他大多数名言的读者，如果你正处于"想要实践却不知道怎么做才好"的状态，请继续期待本书后面的内容。

◆ **理由3：对于身心俱疲的现代人来说，松下幸之助的著作是最适合也是最需要的。**

正如前文所述，松下幸之助从年轻时候开始就体弱多病。

事实上虽然我没有到体弱多病的地步，但从幼儿时期开始体力就不如常人。到了工作时期，几乎一到每周的后几天就会感到体力不支，周末往往都会在家里蒙头大睡。等到恢复体力的时候已经是星期日的黄昏了，这样的经历有过很多次。

我还曾因为压力过重导致身心崩溃，停职休养了一段时间。对于自己创业这件事，我虽然有很多理由，但"想要按照自己的节奏工作"却是最重要的。

由于我属于那种虚弱型的创业者，当周围精力旺盛的前辈们不断地向我提出诸如"刚开始的三年连睡觉的时间都舍不得""想要成功就要不停地工作""现在的年纪稍微熬点夜也死不了"之类建议的时候，我只有以沉默相对。

我身边的成功人士，净是些自己单干也精力充沛的热血青年，所以对我来说他们的建议并不具有参考价值。在那个时候支撑我一直坚持走下去的，正是松下幸之助的著作。每当我读到"现在还不是想不开的时候""即使是像自己这样的人，也还是会有办法的""每天脚踏实地，不断积累自己能做的事情"的时候，都会使我精神振奋，重拾勇气。

到这里我老老实实地写下了自己的弱点，想必对这些内容产生共鸣的读者一定不在少数。

像曾经的我一样，当代很多商业人士都曾有过身心状态不佳的时刻。

尽管没有到生病的地步，却总是感觉身心乏累，这样的人一定很多吧。

正是对于这样身心俱疲的现代商业人士，我更希望你们能阅读松下幸之助的著作，从其语言和行动中获得勇气。

在比现在落后得多的时代和市场环境下，松下幸之助先生拖着病弱的身体，克服了工作中不计其数的、比我们现在所遇到的棘手千万倍的难题。

我特别想让大家知道，在日本的历史上曾经出现过这样的人。

与解说名言相比，本书将重点解说松下幸之助先生的实践方法，但也会尽量将名言出现的前后文登载出来，以便大

序言

家理解名言所处的时代背景。

希望读者朋友们读过本书后,能感受到一种积极向上的力量。

如果这次的阅读体验,能够成为各位迈向实践的垫脚石,让大家的明天充满活力,对我来说就是再高兴不过的事情了。

如果您在序章中找到了哪怕一丁点儿可以产生共鸣的地方,也请您坚持将本书读完。

那么,我们就在书的正文中再会吧。

目录

序 言 / III

学了很多却"无法实践的人和能够学以致用的人" / III

"通俗易懂"的商业书籍,阻碍了读者的行动 / VI

"超译书"的问题提出 / VIII

为什么会对当前的商业书籍提出这样的疑问呢? / X

现在需要的不是"超译书",而是绝对有帮助的"超实践书" / XII

所谓的"一页纸"松下幸之助是什么? / XIV

为什么现在应该实践松下幸之助的名言? / XVI

第1章 积极导向 / 001

即使遇到困难也不困惑 / 002

事前准备工作① 首先从"Excel1"的写法开始 / 002

事前准备工作② 反省每天的工作 / 008

"即使遇到困难也不困惑"的含义是什么? / 009

每个人都是"消极导向"?! / 011

给经常说"有意识地"的你 / 015

"积极导向"的实践① 关注正能量的内容 / 017

"积极导向"的实践② 尝试阅读松下幸之助的名言 / 019

"积极导向"的实践③ 尝试重新把事情往积极的

方面想 / 027

"积极导向"的实践总结 让积极成为习惯的 3 个秘诀 / 030

第 2 章 改革自身的工作方法 / 035

人类的共同生活是无限地生成发展下去 / 036

我们为什么要工作？ / 036

什么是松下幸之助的工作观？ / 039

"生成发展"究竟指的是什么？ / 042

在工作中想要实践的 3 句"名言" / 051

一日教养、一日休养 / 052

"一日教养、一日休养"的实践① 反省你是怎样度过

休息日的 / 052

"一日教养、一日休养"的实践② 挑选"自我成长"的

活动 / 053

"一日教养、一日休养"的实践③ 给自己投资是为了给

"别人贡献"？ / 057

使自己和身边的人都能成长的"一页纸"学习法 / 059

能顺利归纳信息的"一页纸"学习术 / 064

能马上归纳所说内容的"一页纸"谈话术 / 065

目录

下雨了就要撑伞 / 067

不断问自己"这是理所当然的状态吗？" / 067

"下雨了就要撑伞"的实践① 探寻理所当然的状态 / 071

"下雨了就要撑伞"的实践② 探究没有成为理所当然的

现实 / 072

晨间计划、白天执行、傍晚反省 / 076

用 PDCA 循环表示松下幸之助的名言 / 076

无论何时都能够做出正确决断的"一页纸"优先顺序

决定法 / 079

不断围绕"计划和执行"的"一页纸"反省术 / 083

"计划、执行、反省"的秘诀① 与"积极导向"进行

区分 / 086

"计划、执行、反省"的秘诀② 不过度拘泥于"每×做

什么" / 087

"计划、执行、反省"的秘诀③ 做到 60% 就好 / 088

第 3 章　改革与人交往的方式 / 091

用七分力看人长处，三分力看人短处 / 092

与讨厌的人交往 / 092

人际关系的基础也是"积极导向" / 095

各尽所能 / 097

用"一页纸"发现讨厌的人的长处 / 103

发现长处,首先试着去信赖 / 107

集思广益 / 113

一个人做什么事都会有局限性的 / 113

"集思广益"的实践① 请他人做"Excel1" / 115

"集思广益"的实践② 把大家的"Excel1"放到一起进行讨论 / 119

"集思广益"的实践③ 通过全员发表建议自然得出"结论" / 121

无论何时何地,让对方产生令人厌烦的"纠缠" / 125

应该如何与顾客打交道? / 125

"纠缠"的实践① 写出顾客的"名字" / 132

"纠缠"的实践② 对顾客表示关心 / 136

"纠缠"的实践③ 发现顾客的困扰 / 138

明知国王会生气也必须要进苦言 / 143

必须要有"不能让步的东西" / 143

用"一页纸"掌握公司的经营理念 / 150

第 4 章　最重要的关键词 / 153

素直之心 / 154

"素直"——松下幸之助最珍贵的话语 / 154

关键在于"中立" / 159

"在纸上写出来"可以培育出中立＝素直 / 161

实践"素直"之心 / 166

客观看待所有的"一页纸" / 168

后记 / 173

本书所引名言出处一览 / 180

第 1 章

积极导向

本书介绍的松下幸之助,是一位克服了体弱多病、没有学历、贫穷等种种困难,一跃成为"经营之神"的人物。

他究竟是以怎样的世界观,去面对每天的工作呢?

在本章中,我首先想要为大家介绍的是成为松下幸之助的原动力,也就是拥有"理想心态"的方法。

即使遇到困难也不困惑

事前准备工作① 首先从"Excel1"的写法开始

"即使遇到困难也不困惑。"

这是在松下幸之助众多名言中,非常有名的一句话。

只是将这句话单独抽出来看,很多第一次看到的读者会不太理解其中的意思。事实上,当我在学生时代第一次读到这句话时,也不禁歪着头"嗯?"了一声。究竟说的是什么意思呢?

即使现在你不明白这句话的意思,也不要担心。

不知道其中的含义,反而更能享受后面所做的工作。

为什么这么说呢?接下来我就给大家介绍一下事前准备工作的内容。究竟我想要做什么呢?我想要让大家尽快体验一下在序言中曾经介绍过的:"一页纸"归纳技术。

首先请在手头准备好

- 白色的复印纸
- 绿色、蓝色、红色的笔

第 1 章 积极导向

本书以手头有的 A4 复印纸为例进行说明，其他大小的单面纸、笔记本、记事本等当然也可以。

此外，彩笔也是以绿、蓝、红三种颜色为前提进行说明，不是这三种颜色也没关系。我之所以向大家推荐这三种颜色，是基于以下理由：

- 容易入手
- 视觉上比较清晰
- 从色彩心理学的角度来看，能够更加清晰地整理思路

尽管使用这三种颜色是最好的，但没有的话还是请大家优先使用手头有的彩笔尽快开始操作。

这里请大家一定结合序言的内容来理解，本书与其说是一本"超译书"更不如说是一本"超实践书"。请大家就像学生时代做应试参考书或者习题集一样，多多动手并继续读下去吧。

大家准备好了吗？

那么，我们就开始动手实践了。

首先，手头有 A4 复印纸的读者们，请将纸对折。这样纸就变成了 A5 大小，将纸按长边在下，横向放在面前。

接下来请用绿色笔在纸的正中间从上到下画一条竖线，从左到右画一条横线，将纸分成 4 个框。

然后再像刚才一样在每个框的左右中间各画一条竖线，上下中间各画一条横线，这样就变成了16个小框（见图1-1）。

①用绿色笔，在横向的A4纸上，上下左右各画线，形成16个小框。

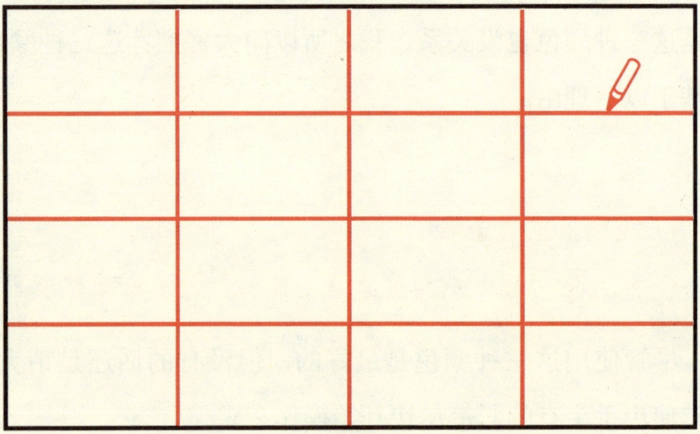

②用绿色笔，在左上角的小框内写上"今天的日期"和"题目"。

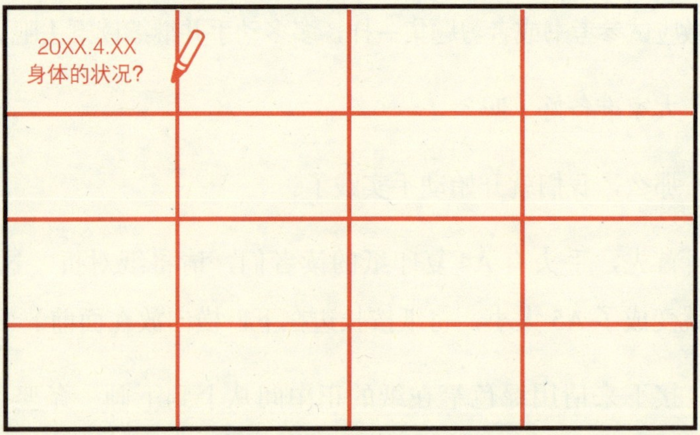

20XX.4.XX
身体的状况？

图1-1 "Execl1"的制作方法①——绿色笔

实际上更常见的做法是再画4条横线，变成32个小框，但这次用16个小框就可以了。

完成之后，请在左上角的小框内写上"今天的日期"和"题目"。日期就写读书的当天，题目请写下"身体的状况？"。到此为止，绿色笔的任务就完成了。

这"一页纸"中的"绿色小框集合体"被称作"Excel1"。就像微软公司的应用程序Excel的界面那样，在"一页"纸上画出格子状的小框，再写上各种内容，因此使用了这样的名字。

以"Excel1"为模板，我提出的"一页"框架的商务技能与"一页纸"归纳技术有很多种。然而，本书只用"Excel1"来进行所有的实践。因为它是最简单的方法，所以请大家通过反复练习快速地运用自如吧。

那么，为什么要准备这样画小框的"一页纸"呢？理由不胜枚举，这里我主要从以下三个方面进行说明：

第一，与很多人惯用的按条目书写，或者爱读商业书籍的人喜欢使用的，在横线上随便书写的形式相比，小框的优点在于"易于填写和容易写出关键词"。

第二，与其他形式相比，填写小框会使关键词之间的联系"更加可视化",也就是说"易于整理思路"。

第三,基于以上的两点,与其他形式相比,填写小框更能帮助人们在"短时间"内整理思路。既然是商务技能,能否在"短时间"内完成是非常重要的因素。

因为本书的目的并不是解说"Excel1"的背景或者原理,因此,各位只要理解我刚才说明的书写方法就可以了。

接下来就请你以"不管怎样先尝试去做"的态度,"老老实实地"去实践。在你试着做了多次之后,就能体会到我刚才说的三个理由了。这样一来,也许你就再也无法使用以前那种整理思路的方法或者做笔记的方法了。

那么,我来继续说明这次给大家布置的任务"身体的状况?"。

下面请各位换成蓝色的笔。现在开始,请用3分钟左右的时间,用蓝色的笔在空白的小框内填入你关于"身体的状况?"所感受到的、注意到的事情。

"感到腰疼""左手中指的指甲劈了""头发长了"等,无论多么琐碎的事情都没有关系。请用小框空间可以容纳的关键词或者短文(不超过2行左右),尽情地填满小框。目的并不是将所有空白小框都填满。只要填满一半以上就可以了,

第 1 章　积极导向

因此请大家用 3 分钟的时间，轻松地把它们写下来。

今后还会让大家写很多"Excel1"，原则上不是让大家将"所有的小框填满"，而是请大家在"有限的时间"内完成工作。

（3 分钟左右，请在写完后继续阅读下面的内容）

大家都顺利写出来了吗？非常简单的流程，在绿色笔之后蓝色笔的任务也完成了（见图 1-2）。

用蓝色笔，将对于"题目"的感受写入空白的小框内

20XX.4.XX 身体的状况？	有时候感觉头疼	流鼻涕	有龋齿
肩膀硬	睡得很好	一整天都坐着	驼背
眼睛痒	喉咙疼	肠胃不错	
头发长了	好像要感冒	比过去胖了	

图 1-2　"Execl1"的制作方法②——蓝色笔

剩下的红色笔的流程，以后再让大家去做，到这里第一部分的工作就先告一段落。

事前准备工作② 反省每天的工作

下面请大家用同样的方法来填写另一张"Excel1"。之前我们将 A4 复印纸折成了一半，那么我们直接使用剩下的另一半就可以了。

首先和刚才做法完全一样，将"Excel1"做成 16 个小框。日期也和刚才一样填写，这次的题目请定为"今天发生的事"或者"昨天发生的事"。

如果你是傍晚或者傍晚以后读的这页书，那么请写"今天发生的事"，其他的时间段请写"昨天发生的事"，这样写会比较容易。

如果是"昨天请假休息"的读者，就以"上周发生的事"为题。不管怎样，请你回顾自己最近的工作状态，做过的事、发生的事、接触的人等，把浮现在你脑海里的关键词写下来。

"完成了项目""被上司训了""加班太多"等，无论事情是大是小、是轻是重，多么琐碎都没关系。请像刚才一样，用关键词或者短文尽情地填写。

（3 分钟左右，请写完后继续阅读下面的内容）

各位都写好了吗？这样的"一页纸"我们后面也会用到（见图 1-3）。

20XX.4.XX 昨天发生的事	新项目碰头会	撰写、上交企划书	回复各种电子邮件
加班到晚上九点	由于准备不充分被上司批评了	出席例会	整理出今后的工作
出企划创意	与客户一起吃午餐	撰写答谢书	
重新安排延迟工作的日程	给同事帮忙	处理投诉	

图 1-3 "事前准备工作②"的记入信息

事前准备工作就此告一段落，下面将要进入到名言的解说环节。

▶"即使遇到困难也不困惑"的含义是什么？

我们再来重新看一下之前介绍的名言

"即使遇到困难也不困惑。"

正如本章开头所写的那样，即使读者现在还不明白这句话的意思，也完全没有问题。从现在开始，请充分体味松下幸之助的世界观。

首先，我们结合这句话的前后文，看一下它的出处。

世界何其宽广，人生何其漫长。如此世界，如此人生中，我们会遇到各种困难、麻烦、痛苦和艰辛，程度或许各不相同，但没有人能逃掉。困扰不只是你一个人才有。

　　遇到困难时你的思考方式、处理方式决定了你此后的命运，是幸运或者不幸，是进步还是后退。遇到困难时，如果脑子里的念头都是认为自己无能为力、走投无路，你的内心就会变得狭隘、退缩，越发想不出解决的办法。哪怕是原本可以解决的事，现在也变得束手无策。最后，甚至还把所有的原因和责任推诿于人，自身也会弄得满腹牢骚、心情压抑。

　　断而敢行，鬼神避之。要学会不把困难当困难，这条路走不通就换条路，意志坚定地向前走，困难反而会变成你的垫脚石。重要的是你自己的想法，你的意志，你无惧困难的精神。

　　人的内心就像孙悟空的金箍棒一样，可以伸缩自如。拥有一颗豁达的心，不管遇到多大的困难，都能踏出一条实现理想的道路。

源自：《道路无限宽广》

"即使遇到困难也不困惑",是松下幸之助最畅销的著作《道路无限宽广》中知名度极高的一句话。

如果今后你想要成为能够"实践伟人名言"的人,无论如何你都有必要理解这句话蕴含的深刻含义。

只是尽管从松下的代表作中引用了这句名言,并且有前后文衬托,估计还是有很多人无法明白其中蕴含的真意。

因此,我还是用简单的、超译形式的语言来解释一下。

这句名言所要传达的意思是:

"无论何事都要从积极的方面去想。"

无论遇到多么荒谬、不合情理的事情,都请以积极的态度去面对。这是实践我后面要介绍的其他名言的基础。正因如此,我选中这句名言后第一个给大家介绍。

然而,貌似很多希望"效仿松下幸之助"执笔写作的人,都过早地绊倒在这个"积极导向"的地方了。

▶ 每个人都是"消极导向"?!

接下来我将向大家阐明之所以这么说的理由。

请大家看一下刚才让各位以"身体的状况?"为题写下

的"Excel1"。下面我会问大家一个问题，请大家将符合的关键词用红色笔圈出来（见图1-4）。我的问题是：

"在你写出的身体状况列表中，有哪些是消极的内容？"

例如，如果你写下"右眼看不太清楚"，这就属于消极的内容，请用红笔圈出来。相反，如果你写了"左眼看的更清楚"，这就属于积极的内容不用圈出来。

各位能理解我的意思吧？那么给大家1分钟左右的时间完成红笔的操作。

（1分钟左右，在完成上述程序后请继续阅读后面的内容）

大家都完成得怎么样呢？

恐怕大多数人都将所写内容的一半以上，甚至所有的关键词都用红笔圈出来了吧（见图1-4）。

事实上，在我主持的工作坊中，当我让学员们做同样的工作时，有的人做出的结果会让我哑口无言。

通过做这个"Excel1"，我希望大家体会到的是：

每个人对于自己的身体状况，都是"消极导向。"

人们都具备自我防卫的本能。因此，我们经常会说：

"有没有感到不舒服的地方？"

图 1-4 "Excel1"的制作方法③——红色笔

"如果身体有不舒服的地方，必须要尽快采取措施。"

"感觉身体没问题是错觉，一定是哪里不舒服了。"

也就是说，人的认知机能在不断地进行着消极的自我检查。换句话说我们都是"消极导向"方面的能手。

当然这对于我们维持生存是必不可少的习惯。然而，当你始终存在于这种倾向时，就会在不知不觉中被传染上"消极导向"。

对于身体本能认知之外的所有思考，也同样地将"消极导向"设置为默认选项，在更极端的情况下，甚至将那样的倾向固化为"自己的性格、人格"。

就算在工作中，也习惯于这样消极的看待问题。

"为什么那家伙总是犯这样的错误。"

→尽管这一年只犯了几次错误。

"真是服务很差劲的公司。"

→尽管是已经连续订货10次以上，并且每次合作都很满意的供应商。

"销售目标不就只超过了3台吗？"

实际上几乎没有其他人完成目标。

回想起当我在企业做培训时，布置的小组作业，无论我抛出多么简单的题目，下面总会有人开始抱怨，"好难啊……"由于这些人已经将"消极导向"用口头禅的形式形成了一种习惯，无论作业的难易度如何，他们都会本能地反映为"好难"。

在这种精神状态下，要进行"即使遇到困难也不困惑"的实践恐怕是难以完成的。一遇到困难，就只顾躲进舒适区里发牢骚的人，工作是不会有所进展的。

话虽如此，如果考虑到这种"消极导向"是身体本能防卫机能的延伸，也是无可奈何的事情。首先，通过事前准备工作，要让大家知道"人们如果不刻意阻止这种习惯，就会在不知不觉间落入'消极导向'的陷阱中"。

因此，对于你身边那些存在"消极导向"的人，希望你能基于"也是无可奈何的"这个事实而予以理解。

▶ 给经常说"有意识地"的你

到这里为止，为了实践"即使遇到困难也不困惑"，我们首先明确了多数人感到"困惑"的理由。

那么，究竟要怎么做，才能将自己根深蒂固的"消极导向"的习惯转化为"积极导向"呢？

关键是"养成积极思考的习惯"。

如果要给这次的话题加上题目，那就是只要在自己的头脑中，培养"关注积极事物"的思考方式就可以了。

做法也非常简单。

"在养成习惯之前，一直有意识地坚持就可以了。"

然后下定决心，

"好吧，从明天开始，一定要坚决地只关注积极的事物！"

接下来将会列举一些在商业类、自我开发类以及实用类书籍中经常出现的语句。

不仅限于书籍，还有在商务交流的现场经常会用到的语句，也就是"有意识地"。比如：

"工作中最重要的是，经常有意识地把顾客放在第一位。"

"工作中最重要的是，经常意识到优先顺序。"

"工作中最重要的是，经常有当事人意识。"

各位在读书或者在工作时，想必经常会遇到这样的语句。那时，你是否也曾单纯地好奇。

"有意识地，具体怎么做才算是意识到了呢？"

遗憾的是，多数商业类书籍对此并没有给出明确的答案。经常只是将怎样意识这个问题完全抛给读者，而能否实践只能取决于读者自身。

然而，由于读者在读书的时候也并不深究其中的含义，因此能够想到"只有这些是无法实践"的人似乎并不多（正如在序章中提到的那样，正因为读者不是以态度3的"行动优先"的理念来读书，所以才会出现这样的问题）。

为什么我会想到这个问题呢？因为我从二十几岁开始就一直进行着这样的思考。

坦率地说，如果要筛选一下，商业类、自我开发类以及实用类书籍中，10本中有8本我都会给出"虽然很好理解，但很难实践"或者"读起来虽然很有趣,但很难对工作有所帮助"的评价。

即使是畅销书也不乏以上情况。因此我想拜托作者们,请写一些更易于实际操作的书籍!带着这样的问题意识,我开始自己动手写书。

稍微有些跑题了,如果只是说"在养成习惯之前保持一定的意识",这样的信息对大多数人来讲是没有任何意义的,我希望各位能注意到这一点。

从今以后,如果你要以态度3的"行动优先"理念来阅读书籍的话,也许会对上面提到的难以实践的书给予严厉的批评。这会促进商业类、自我开发类以及实用类书籍提高质量。

为了不使我们的话题止于虚无缥缈的精神论,有必要将其上升到可以操作、不断积累的层面。说起来好像是理所当然,但对于这样的、平时成为盲点的潜在性问题,如果能促使大家注意到就再好不过了。

"积极导向"的实践① 关注正能量的内容

带着这样的问题意识登场的"药方",正是让大家作为事前准备工作完成的"试着书写一页纸"这个操作。

实际上，之前向大家介绍的"Excel1"的写法，就是用谁都能付诸行动的简单操作构成了所有的步骤。

为了让自己养成"积极导向"的习惯，除了灵活使用这个方法之外别无他法。

接下来，为大家介绍具体的做法。

首先，请大家看一下在事前准备工作②中让大家写的以"昨天发生的事情"为题的"Excel1"。然后拿出红色笔，将符合以下问题的选项圈出来。我的问题是：

"在昨天发生的事情中，积极的内容有哪些？"

凭借主观判断也没有问题。请立即将符合的内容圈出来。那么就请大家开始吧。

（1分钟左右，完成画圈程序之后请继续读下面的内容）

大家都做得怎么样了？存在个体差异是当然的，但恐怕大多数人因为写的都是消极的内容，所以几乎无法用红笔圈出来（见图1-5）。

首先请各位"素直地⊖"接受"这就是自己的现状"这个事实。其中也许还会有人将"无法圈出来"这个结果作为消极的内容，而心情低落。

⊖ 日语中的一个词汇，通常表示一个人柔顺或温驯、坦白纯真，心地诚恳。

20XX.4.XX 昨天发生的事情	新项目碰头会	撰写、上交企划书	回复各种电子邮件
加班到晚上九点	由于准备不充分被上司批评了	出席例会	整理出今后的工作
出企划创意	与客户一起吃午餐	撰写答谢书	用圆圈圈出积极的事
重新安排延迟工作的日程	给同事帮忙	处理投诉	

图 1-5　在昨天发生的事情中，积极的内容有哪些？

但是，在这里没有必要过度消沉。从现在开始我想再给大家介绍三句松下幸之助的名言。

如果你能仔细品味这些名言的含义，就应该能够更加深入地理解"即使遇到困难也不困惑"这个"积极导向"的寓意。

"积极导向"的实践② 尝试阅读松下幸之助的名言

首先是"正因为不景气"这句名言。

> 这个世界是由"人"相互作用构成的，所以我认为经济上的繁荣与不景气，也是人为造成的，而不是什么自然

现象。照理说，不景气这种现象是不该有的，可现实中它就发生了。对于经营者来说，这真是一个令人忧心的问题。

但我想，面对不景气，总有解决的办法吧。有的人可能会认为："正因为不景气，考验我们公司的时刻到了。""越是不景气，我们越是要在这一轮经济危机中做出精彩的表现！"我赞成这种正面性思维，不景气的时候，的确是一个考验公司实力的机会。在这种情况下，有的公司抓住这个时机，比往常更加努力，实现了更进一步的发展与繁荣；而有的公司从一开始就丧失了斗志，觉得"到处都不景气，自己的公司肯定也要倒闭了""完蛋了"，这么想的公司，往往到最后真的都倒闭了。

具体来说，公司可以趁着不景气，把去年忙得没顾上的售后服务做得再彻底一点，可以把店铺重新布置一下。总之，减少浪费和因管理不善而带来的抛洒滴漏。做这些不能依靠外力，而是要依靠自己至今为止一步步积累下来的实力与经验，踏踏实实地做，其他公司正因为不景气而停滞不前，这样一来，你的公司与其他公司的差距就显露出来了。

所以说，也许不景气对于你的公司来说，正是一个千载难逢的好机会呢。

源自：《经营心得帖》

这篇短文里没有什么特别难懂的语句，相信大家都能理解其中的意思。为了慎重起见，让读者们有更加切身的体会，我来补充一下自己的经验之谈。

我所出生的年代正赶上所谓的"就业冰河期"。那个时候，我无论怎样努力也拿不到企业的Offer，有时会感叹自己生不逢时。正好陷入了我们所说的由于经济不景气导致的"消极导向"状态。

即便如此，我也没有一直这样自暴自弃下去。无论被多少家公司拒绝，每次都会成为我自我激励的重要时刻。

从求职意向书的写法到面试的应对方法，甚至是作为求职前提的自我分析，我都进行了彻底地学习，充分地考虑，不断地积累经验值。

如今回首那时确实十分艰难，但也是在那时，自己得以在短时期内快速地成长，也可以说是非常宝贵的历练机会。

正因为经济不景气使得就业形势异常严峻，才会拼命地逼着自己不断成长，这样的动机从来没有间断过。这不正是"正因为不景气"吗？

其次，顺着"对景气的理解方法"这个话题，接下来我向大家介绍关于看待社会的方法的名言——"社会大众像神明般正确"。

我认为社会从根本上来说如神明般正确。我一贯站在这样的立场上来经营企业。

　　当然，如果从每个人的角度考虑，社会上各色人等，其想法和判断不能说全部都是正确的。而且，由于所谓的时代趋势，有的时候社会舆论也会走向错误的方向。然而，在那样的个例中，或者说即使会有一时的错误，从长远的观点来看，我认为社会、大众的判断如神明般正确。

　　因此，当我们的经营方式出现错误的时候，就会受到社会大众的批评和排斥。相反，当我们进行正确的经营时，社会大众就会接受我们。

　　那样考虑的话，就会带给我们非常强烈的安心感。

　　（中略）

　　如果社会大众会将正确的事物认可为正确，而我们又能一边思考着"什么是正确的"，一边不断努力经营企业的话，就一定会被社会大众所接受。因此，我们要信赖社会，不要迷茫，坚持去做我们应该做的事情。没有什么比这更让人感到安心的了。说起来就好像是堂堂正正地行进在大路上一样。

源自：《实践经营哲学》

与松下幸之助留下这些话的时代不同，我们现在所处的是网络社会。舆论造势、过度诽谤中伤、刹那间出现两边倒的新闻评论等，"社会将正确的事物认可为正确"也许从未像现在这般困难。

即便如此，当看到文章最后的"没有什么比这更让人感到安心的了"这句话时，就会认为还是以"信赖社会"为前提更能够激发起人们面对明天的活力，难道不是这样吗？

而假设我们试着选择"社会之类的不能信赖"这样的态度会怎样呢？

那么，无论你是乘坐上下班的电车，还是在职场中工作，或者即使是周末到哪里去玩儿，都会对周围变得疑神疑鬼起来。

这样一来你不但会变得异常焦躁，还会被压力所困扰。总之，由于处于"周围所有事物都是不可信"的心理状态，因此很可能会变得不能信任别人。如此这般，你便难以过上幸福的生活，只能独自挣扎在这令人感到窒息的世界中。

似乎还是停止以"社会之类的不能信赖"为前提比较好。

这个时代确实充斥着大量令人感到绝望的新闻。越是在这种时候，请大家越要回过头去读松下幸之助的名言。即使在这个充满噪音的世界中，也希望大家能将自己的大脑调节成，能够接收那些给人以希望的信息的"积极导向"型大脑。

最后，给大家介绍的第三条名言，是我在二十几岁第一次读到它时就被震惊到的一句话。由于文章很容易理解，因此我稍微引用的长了一些。

> 我认为自己是一个幸运的人。
>
> 在进入电灯公司之前，我曾经作为临时工在水泥公司工作过一段时间。曾经推过运土车，也扛过水泥袋。
>
> 为了上班，我坐船从码头去往填筑地，有一次，当我刚在船边坐下后，从我身边路过的一名船员突然脚下一滑，掉进了大海里。他快要掉下去的时候慌乱中抱住了身边的我，把我也一同拉进了海里。我不怎么会游泳，也就是勉强能浮在水面上。扑腾了两三米，当我再次浮出水面的时候，船已经向前行进了一段距离了。正当我不顾一切手脚并用、拼命地在水中挣扎时，船却掉头回来了，两三分钟后我被救了上来。幸亏当时是夏天，如果是冬天，估

计早就被冻死了。

过了几年，在我刚开始独立销售商品的时候，我经常骑着装满产品的自行车去到处送货。有一天，在我送货路上，一辆汽车突然从十字路口窜出来，连车带人一起把我给撞飞了。正好撞到了电车道上。不但车上装的产品七零八落，自行车也彻底散了架。这时电车正好开了过来，在距离我两米左右的地方停了下来。正当我想着"真够倒霉的"，慢慢站起来的时候，竟然不可思议地发现，自己连一点皮外伤也没有。在那样猛烈的撞击下居然毛发未损，连我自己都觉得难以置信。

真是不可思议啊。因此，无论我是掉进海里还是遇到交通事故时，都感觉"自己是个幸运儿"。我无意中想到，如果自己这么幸运，说不定自己能做一些事情。也就是，在工作中会遇到各种各样的困难和问题，即使在那样的时刻，因为自己是个运气好的人，总会想办法渡过难关，在我心中这样的信念越来越强烈起来。这也是当我掉进海里，被车撞了的时候并没有认为自己是不幸的，反而认为自己运气好的缘故吧。

源自：《人生谈义》

这是松下幸之助的书中，迄今为止最为口语化的表达，想必各位应该能明白其中的意思吧。

我想不需要再补充什么了，如果说非要加上一些解释，那就是松下幸之助在招聘员工的时候，会看这个人是不是一个运气好的人。比如，原本要录用一个人却有两个候选者，在难以决定到底录用谁时，据说松下会录用那个被认为是运气好的人。

以松下幸之助的这句话为基础，曾经我在应聘某家 IT 公司时，面试官就问过我同样的问题。

无论身处何种境遇，你是否能像松下幸之助那样不断地看到事物积极的一面，能否更加确信"自己是一个运气好的人"。

正因为如此，一个人是否有"积极导向"的思维方式，也成为想要留住优秀人才的人事部门所要考虑的重要因素。

读到这里，大家感觉怎么样呢？

"不景气也 OK""社会也 OK""事故也 OK"。各位是不是已经充分了解了松下幸之助的"积极导向"是一种什么样的心态了呢？接下来，你可以结合具体实例进一步加深这种理解。

"积极导向"的实践③　尝试重新把事情往积极的方面想

请大家保持现有的读后感,来到工作的最后一步吧。

方法很简单。请再次取出刚才让大家试着用圆圈圈出的,写有"昨天发生的事情"的"Excel"。这次想让大家回答以下的问题。

"在还没有被红笔圈出的条目中,有没有可以通过改变想法,重新理解为积极内容的呢?"

即使只有一两个也没关系。

再给大家一些时间,请将符合的内容圈出来。如果你刚刚读完松下幸之助的文章,一定可以对事物有新的解释和理解方法。

那么,请开始吧。

(3分钟左右,请在完成画圈程序之后继续阅读下面的内容)

大家做得怎么样了?

哪怕只是多了一个新圈出的内容,也说明你已经亲身实践了"积极导向"的思维方式,而且用可视化的方式去实践并进行了确认。

相反，如果你还是没有增加一个新圈出的内容，也请不要担心。

"不管怎样，我试着写了一页纸。"

"我尝试了从积极的方面去思考问题。"

"即使今天没有办到，也为以后能够办到积累了经验。"

如果你这样想的话就没问题了。

这样一来，明天你还能够轻松地去挑战吧。只是，这样的想法本身就是一种"积极导向"，也许还是会有人感到抵触，他们会说"即使那样说……"

正如让人感到"消极到了极点"，对于那样的人，请一定反复朗读上文松下幸之助所说的话。

读出声音，可以提升身临其境的感觉。好像自己是松下幸之助，或者说如松下幸之助附体般的，请反复朗读刚才介绍的松下幸之助的话。

如果你不愿意读出声来，那么你也可以在读完本书后，去静静地阅读松下幸之助的几本著作（在后记中会向大家介绍）。

那样的话，相信你用红笔圈出的内容就会不断地增加

（见图1-6）。

①从图1-5中没被圈出的内容中选择……

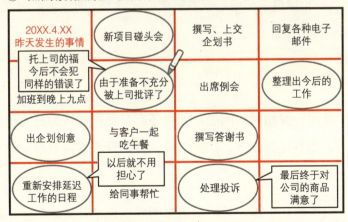

图1-6 能重新理解为积极内容的是哪些？

"积极导向"的实践总结　让积极成为习惯的3个秘诀

现在，我来把上述内容重新用三个步骤的形式加以总结。

STEP1：

以"昨天发生的事"为题写出"Excel1"（3分钟左右）。

写完之后，问自己"在昨天发生的事情中，哪些是积极的内容？"并把符合的事项用红笔圈出来（1分钟左右）。

STEP2：

重读刚才介绍的松下幸之助的话。

（轻松地再看一遍，或者熟读，或者大声朗读等，阅读方法不限）

STEP3：

重问一遍相同的问题，如果还有其他可被认为是积极的内容，用红笔圈出来。最终的目标是，所有的内容都能被圈出来。

由于存在个体差异，而难以明确地说出具体的数字，即便如此，建议大家如果要写，请坚持三周到一个半月左右的时间。那样的话，就几乎能够达到将所有的事项全部圈出来的水平。

各位读者是否曾经带着"想要更加积极地看待事物"的念头，去读过相关书籍呢？

如果你"读过那些书之后依然是消极思维导向……"请一定尝试一下上面介绍的方法。这是让很多学员感受到实际变化的、具有很强的可复制性的手法。

最后，我想要再补充三点来结束本章的内容。

首先，如果你想要坚持30天的话，能够顺利完成计划的秘诀是，可以事先画好30页的"Excel1"（只画绿色小框）。这里的关键在于一开始就创造出"接下来只要每天往里面填内容就好了"的氛围。

事实上，很多学员反馈说"这种做法能够使我坚持完成任务"。对于那些不能持之以恒的人来说，请一定尝试一下这个方法。

其次，这次我是以填写16个小框为例给大家介绍的，但没有必要拘泥于这个数字。"连15个也没写满"的人，使用8个小框也没有问题。

相反，再画4条横线使用32个小框填写也可以（第2章之后，32个小框的"Excel1"会被频繁用到）。

由于我们的目的是"掌握积极导向的心态"，因此，实践方法也请以"容易坚持"为优先前提，灵活地进行调整。

最后，第三点补充我稍微多说一些。在介绍"只书写一页纸"这种简单有效的方法时，每次都会从一定数量的学员那里，得到以下的反馈。

"用这么简单的方法就能变为'积极导向'思维的话，也太容易了吧"。

我希望正是持有这样消极想法的人，来实践一下这次提倡的"一页纸积极导向思维训练法"。

为此，首先要确认的是，抱有这种想法的人都有"某个共通点"。具体来说就是，他们似乎不知道我在序章里介绍过的态度3，也就是"行动优先"的读书态度。

结果是一页也没写，什么都没有实践就得出"用不了"的结论。

由于没有实践，本来应该得出的正确答案却是"无法判断"。希望你们一定关注一下基于"行动优先"态度的书籍阅读方式。

除此之外，也有能够"素直"接受我所写的内容并且积极地看待事物，淡然地从能做的事情开始实践的人。不断积累经验的结果是，充分享受书中提到的益处，能够解决自身的问题、实现自己的愿望。

这本书是我写的第四本书。我强烈地希望它能让迄今为止更多的，哪怕只是一名读者从中受益。

在理解了我所补充的三点的基础上，请各位"踏踏实实地"从区区一页纸开始，动手写起来。

在第 2 章我们会加快节奏，去写更多的"Excel1"。

请大家准备 7 张以上的 A4 复印纸，或者有很多白纸页的笔记本，一起进入到下一章的学习中。

第2章

改革自身的工作方法

近年来,"工作方法改革"的呼声日益高涨,然而这样的改革是以什么为目的呢?

如果你知道松下幸之助经过长年累月的深入思考后终于探索到的工作观,就会找到应该去追寻的目标。

然而,只是"找到了""明白了"是没有意义的。请让我用"一页纸"的方法,为各位搭建通往实践的桥梁。

人类的共同生活是无限地生成发展下去

▶ 我们为什么要工作？

在第 1 章中，我给大家介绍了作为后续内容基础的"心态调整方法"。从第 2 章开始，我们就要开始进入到如何将这种积极心态应用到实际工作中。

在第 2 章中，我们将具体探讨如何改善"自己"每天的工作方法。在第 3 章中，我们关注的是如何提高和"周围人"的相处方式。

如果要从松下幸之助的名言中，提取一个最重要的关键词，那一定是："生成发展"。

然而，正如字面上看到的那样，"生成发展"是一个非常抽象的词语。

第 1 章的"即使遇到困难也不困惑"是类似问答式的表达，理解起来有一定的难度，而"生成发展"这个词语的难以理解与其属于不同的类型。

因此，为了能让大家产生较为具体的直观认识，我们也先请大家来写事前准备工作的"Excel1"。

第 2 章 改革自身的工作方法

与第 1 章相同,现阶段如果你不理解"生成发展"这个词的意思完全没有问题。知道这或许更能提高学习效果。请大家不要担心,继续阅读下文。

这次"Excel1"的题目是"你为什么要工作?"

时间还是 3 分钟左右,16 个小框中,如果写不了那么多,写 8 个小框左右也可以。

需要注意的是,请不要试图周全地找到正确答案。这不是一个有对错之分的问题。

请大家以"素直"的心态,把你能想到的"工作的理由"用蓝色笔轻松地填到小框里去(见图 2-1)。

(3 分钟左右,填写完后请继续阅读下文)

20XX.4.XX 为什么要工作?	想要在严酷的环境中竞争	想获得成就感	想用公司的钱做各种事情
为了挣钱	为了实现人生的价值	想为社会做出贡献	想成为上司那样的人
喜欢进行挑战	为了使自己成长	因为大家都工作	
现在的工作很适合我	不想一事无成	想与人相处	

图 2-1 你工作的理由是什么?

用蓝色笔写完后,请换成红色笔。

接下来问问自己"对自己来说特别重要的理由是什么?",并将符合的内容圈出来。即使是个人的主观判断也没关系。

请最多圈出你认为最重要的 3 个理由(见图 2-2)。

(1 分钟左右,画圈程序结束后请继续阅读下文)

20XX.4.XX 为什么要工作?	想要在严酷的环境中竞争	想获得成就感	想用公司的钱做各种事情
为了挣钱	为了实现人生的价值	想为社会做出贡献	想成为上司那样的人
喜欢进行挑战	为了使自己成长	因为大家都工作	
现在的工作很适合我	不想一事无成	想与人相处	

图 2-2　你认为特别重要的理由是什么?

下面首先请大家来看一下你自己认为的"工作理由"。一旦试着写出来,也许有人就已经意识到了什么。或者即使没有意识到,通过这项操作,你是否会有这样质朴的疑问。

那就是"松下幸之助,是怎么回答这个问题的"。

为了唤醒大家这样的问题意识，我让大家做了这次的事前准备工作。同时，通过让大家事先了解自己的工作观，在接触到松下幸之助的工作观后，再与自己的做比较，就可以进行更加深入的思考。

▶ 什么是松下幸之助的工作观？

那么，我就尽快来回答这个问题吧。然而，需要说明的是，接下来要给大家介绍的松下幸之助的回答，是从非常长远广阔的视角总结出来的。

它是在松下几十年不断思考、探索后得到的世界观、人生观的基础上，被推导出来的工作观。

对于那些只能写出"为什么工作，还不就是为了吃饭"水平的人来说，也许会感到非常震惊。

我会慢慢地落实到具体而实际的话语上，所以请不要吃惊，继续往下读。

首先，是松下幸之助所说的工作观的基础——世界观。也就是，表示事物的原理原则的关键词：

生成发展

关于本章一开始介绍的这个词语的意思，请大家阅读下面的文章。

正确的经营理念，不单是经营者个人的主观见解，还必须是在自然规律和社会规律的基础上产生的。那么，自然规律和社会规律是什么呢？

这是一个非常宽泛和深远的问题，可以说凭借人的认知是很难穷其究竟的。不过，冒昧地说，我认为一切事物的根本是无限地生成和发展。

自然、宇宙是从无限的过去到无限的未来不断地生成发展着。我想，身处其中的人类社会也是在物质和精神两个方面无限地发展着。

这种生成发展的规律，无论在宇宙还是社会中都起着重要作用。我们在其中从事着企业的经营。我是这样认知的，并以此为基础形成了我自己的经营理念。

例如，有一种资源将要枯竭的说法。这种说法认为再过几十年地球上的某种资源将会枯竭，到那时，人类将无法生存。这是一种极端的见解。

但是，我并不那样认为。的确，每一种资源都是有限的，在使用的过程中也许有的会枯竭。但我认为，凭借人类的智慧，一定能够生产出，或者找出其替代资源。历史证明，人类就是这样走过来的。虽然现在的人口已经大幅

第2章 改革自身的工作方法

> 增长，但在人口稀少的过去，人们的生活也是贫困的多，如今，即使是普通市民，在某些物质方面的生活也是古代的王公贵族们所望尘莫及的。
>
> 这是因为，大自然本身具有这样的能力，人类本身也具有这样的创造力。换句话说，无限地生成发展作为自然的规律、社会的规律依然在起着作用。
>
> （中略）
>
> 这种基本认识，无论在任何场合都是非常重要的。只有以这种明确的认识为基础，才可能在任何场合开展真正强有力的经营。
>
> 源自：《实践经营哲学》

简单地说就是，世间所有的事物都是"无常"的，处于不断的变化中。

即使一部分事物具有诸如幸福与不幸，顺利与不顺利这样的两面，从整体来看，所有事物都在成长和发展。这种变化的矢量是一直存在的。

这次节选的松下幸之助的这句话是以如何决定经营理念为背景的，而这种想法同样也适用于其他各种各样的问题。

通过这句名言，首先想要让大家记住的要点是：

"在不违背自然规律的前提下，决定自身的思考、选择和行动"

虽然松下幸之助说是为了"开展真正强有力的经营"，但在个体的工作中，同样的世界观也完全适用。

那么，从这个大的"自然规律"出发，究竟会诞生什么样的工作观，什么样的工作理由呢？

如果"素直"地思考，大概会得出这样的结论。

"为了对生成发展有所贡献"而工作

那么，是为了"谁的生成发展"呢？它可以是你面前的顾客，可以是你为之工作的企业、行业、地域、甚至是为了日本的发展，它可以延展到任何地方。

▶"生成发展"究竟指的是什么？

接下来，我将从松下幸之助的话语中，引用三个含有"为了对谁的生成发展有所贡献"意义的事例。

首先，向大家介绍基于"顾客视角下的生成发展"的事例。

第 2 章 改革自身的工作方法

我们凭经验都会知道，一般来说，家电产品在售出后价格会不断下降。

那么，在刚开始销售时以高价购买的人，是不是买亏了呢？相反，在那之后购买的人，因为比之前买时便宜了，是否能说买的很划算呢？

如果是你，会如何解释这个问题？

和一开始的引用相比，这个话题是我们日常生活中非常熟悉的。

请大家带着如何理解"生成发展"这个关键词的疑问，继续读后面的内容。

> 新商品上市时总会有顾客说："后买的人能买到好东西，先买的人要吃亏。"这种情况在电器业尤其多，我常听到顾客抱怨："后面产品的功能是以前产品不具备的。先买的人可不划算了"。
>
> 这是一种现实，并且将永远存在。商品生产者当然是把当下最先进的产品推向市场。我们的世界日新月异，人的观念也在不断更新，商品的更新换代也是永无止境的。
>
> 这种现实情况，不止发生在电器产品上，作为经营者必须对此保持清醒的信念。如果经营者自己都觉得早买

的顾客遭受了损失，后买的人得了便宜，那买卖就做不下去了。

我总会遇到顾客发牢骚："早买电视机最不划算了。我当时花了12万日元买的，现在同样的商品价格降了一半。没有比这更傻的了。今后一定要好好考虑，否则就不买电器了。不然，眼看着一代接一代新型又便宜的产品接连上市，太亏啦！"

于是，我做出了这样的回答。

"您说的这种情况的确经常发生。可是，如果没有像您这样先买电视机的人，怎么能推动电视机的进步和发展呢。您那时花了12万日元买的电视机现在只要6万日元就可以买下来。因此，您一定在想自己损失了6万日元吧！但您应该认识到，像您这样最先买了电视机的人，是为技术发展做出了贡献的。而且，您比谁都较早地看到了电视节目，最先享受到电视带来的乐趣，不是吗？到最后，您一定会被看作是最伟大的人，否则就太不公平了。如果人们都想着'来年再买电视机'，电视机一台也卖不出去，就会一直保持12万日元的价位。不管什么事，难道不都是这个道理吗？"

听了我说的话后大家都笑了："是啊，这话说得真透

第2章 改革自身的工作方法

> 彻。还是先买的人对啦！先买的人是了不起的！"任何一种商品，如果没有最初的购买者，就不会有发展。
>
> 　　　　　　　　　　　　源自：《经营的本质》

并不是遭受了损失。而是先买的人通过"高价购买"，为"电视机文化的生成发展做出了贡献"。

事实上，上面的引文还说了关于汽车的话题。由于讲述的内容与电视机大同小异，所以我就省略掉了，这里我想引用一句他说的这句话。

"因为最开始我花钱购买了汽车，才出现今天很多人使用汽车的局面，我是有所贡献的人。"

正是因为存在这样价值观的消费者，才促成了汽车的普及化，也就是"为汽车社会的到来——这个生成发展做出了贡献"。

而如果社会上都是些"等到以后便宜的时候，才会购买像汽车这样的高价商品"的消费者，我们也就不能指望汽车行业自身的发展了。

另外，我再给大家介绍一句与这个引用相关的，经常可以在商业书籍中看到的语句。

由于我曾经在大学的商学院工作过一段时期，在大学的讲义中看到过"创新者""先锋人士"这样区分消费者类别的用语。

一般情况下，"创新者""先锋人士"，指的是那些"新技术一出现，就率先追赶潮流去购买的人"。

这样的话，难免会给人一种"喜欢新生事物"、天真无邪而且私欲很强的印象，我尝试把这样的词语使用在刚才的语境中。

也就是说，"创新者""先锋人士"不是单纯的"喜欢新生事物的消费者"，我们可以把他们理解为"为产业、文化、社会的生成发展做出贡献"的人。

这样考虑的话，我认为与其说这两个词语是带有"被分配了不合理的、倒霉差事的一群狂热之徒"消极印象，不如说看到了其"担任具有推动社会和时代发展的角色的人们"积极的一面。

通过从自然的规律——"生成发展"这个关键词出发，像这样零散杂乱的用语，都被赋予了积极的含义。

沿着这个思路，接下来我为大家介绍"为了公司的生成发展"语境中的语句。

我曾经对公司的年轻员工说过这样一番话:

正如大家所知,我是本公司的最高领导,薪水也拿得最多。到底我挣多少在这里不便透露,假设我月薪100万日元,如果我只是做了价值100万日元的工作,那么我对公司可以说没有任何贡献。如果我不做出价值1000万日元、1亿日元甚至2亿日元的贡献,公司就无法生存下去。多年以来,在努力工作的同时,我也常常思考自己到底为公司做出了多少贡献。

大家不妨也来思考一下这个问题。假如你的月薪是10万日元,如果你只为公司创造10万日元的价值,那就意味着你没有为公司带来任何效益。这样,公司的股东们拿不到红利,更谈不上向国家纳税了。所以,我们要经常扪心自问——这个月为公司做出了多少贡献?

当然,工作到何种程度是最合适、最令人期望的,由于存在个体差异不能一概而论。一般来说,拿10万日元工资的人至少该发挥价值30万日元的作用,若能达到100万日元就更好了。

在这一问一答当中,员工们能够不断加深对本职工作的认识,提升自我价值,为自己开辟一片新天地。如果公

> 司每个员工都能够以这种精神状态投入到工作中，肯定能够产生巨大的动力。
>
> 源自：《社员心得帖》

在我主持的工作坊中，曾经有参加学习的白领学员若无其事地说："我的努力程度已经对得起我的工资了。"

因此，我将松下幸之助的这句话介绍给他，并告诉他"对得起工资的工作"并不是什么值得自豪的说法。

只有当你工作的价值够得上几倍的工资时，你努力的剩余部分才会对"公司的生成发展"做出贡献。而这份努力也关系到对社会做出的贡献。

如果没有"为了对生成发展有所贡献"这样的世界观，无论如何也无法达到这样的认识高度吧。

这个话题一旦打开就收不住了，那么我就再给大家介绍最后一句松下的名言，是关于"行业的生成发展"的内容。这部分如果从个人层面的工作视角来看，是很容易被忽视的观点，因此，请大家更要熟读它。

此外，那些认为"与竞争公司共存共荣什么的只是口头上的漂亮话"的人，也请你通过"为了对生成发展做出贡献"

这个过滤器，重新审视一下这句话果真只是说说而已的漂亮话吗？

> 毋庸置疑，同行之间开展竞争十分重要。为了在经营上不输给竞争对手，大家都会憋足了劲儿拼创意、比服务，百般努力的结果是，双方都获得了很大的进步，也就是说，我认为竞争是双方成长的原动力，进步和发展的基础。
>
> 不过，只有正当的竞争，才能实现这一目标，也就是说，必须在公平公正的前提下，开展有秩序的竞争。否则一旦变成恶性竞争，不但不能促进双方成长与进步，反而会给整个行业带来巨大的混乱。总之，我认为竞争不是为了像在战争中那样打倒对方，而必须是为了实现共存共荣、共同成长发展。
>
> 源自：《经营心得帖》

双方只有对立和斗争的话，最后都会两败俱伤。如果行业自身都到了不复存在的地步，最终也会给消费者带来损失。

因此，理想中的竞争应该是同行间每天对自己的技术和经营水平进行切磋打磨，实现同一个方向的协调，从而促进行业整体的发展。这样的平衡感是很有必要的。

我这样说的话也许大家都会点头默许，然而，重要的是"以什么样的认知水平来抓住这个重要性"。

具体来说就是，你能否以"生成发展"这个基本的"自然规律"来看待这个问题。正因为有了"为了对行业的生成发展做出贡献"这个基础，你自然就会很轻松地理解"协调"的重要性了吧。

到此为止，知道"为了生成发展做出贡献"这一个本质，就能顺藤摸瓜地理解更多的事物。即使是在不同著作中看到零零散散的名言，贯穿其中的语境彼此都是相同的，如果大家能通过刚才的内容明白这一点就再好不过了。

那么接下来就该是读者们的工作了。

在你刚才填写的"为什么要工作"的关键词中，有没有像这样"除自己以外，为了谁，为了什么的生成发展做出贡献"这样含义的内容呢？即使有，你认为它们是"能用红笔圈出的重要内容"吗？当你试着从"由于自然的规律是生成发展，所以必须顺应这样的规律去工作"这样开阔的思维去看待问题的时候，你也许有必要去修改一下目前的工作观。

请大家一定重新审视刚才所填写的"一页纸"，通过修正自身的工作观，给自己一个"意识觉醒"的机会。

第 2 章　改革自身的工作方法

▶ 在工作中想要实践的 3 句 "名言"

前面我给大家介绍了，作为松下幸之助工作方法基础的"生成发展"这个关键词。并通过与你自己的工作观进行比较，让各位逐渐加深了对这句名言的理解。

迄今为止，我们强调的是"为什么"，接下来要探讨的是基于这个世界观时，我们"最基本的工作方法究竟是什么"。

首先，我们以"个人能够完成的水平"，加上"通过书写一页纸就能实践"的部分为重点，选取了以下三点为大家介绍。

1. 一日教养，一日休养
2. 下雨了就要撑伞
3. 晨间计划，白天执行，傍晚反省

由于每句话都很独特，只是单看这几个句子不是很明白其中的意思。下面我就逐个地，一边认真地引用松下幸之助的话语，一边为大家进行讲解。并且我会结合用"一页纸"就能实践的具体方法来给大家介绍。

那么就请大家带着这三句话"究竟是什么意思"的疑问，继续往下读吧。

一日教养、一日休养

"一日教养、一日休养"的实践① 反省你是怎样度过休息日的

恕我冒昧,我想请大家以"休息日都做什么,是如何度过的?"为题,制作"一页纸"。

请大家使用16个小框的"Excel1",首先用蓝色笔进行填写(见图2-3)。

(3分钟左右,请写完后再继续读下面的内容)

20XX.4.XX 休息日做什么? 怎样度过?	在咖啡店工作	购物	做扫除
打游戏	逛书店	卡拉OK	做饭
宅在家里	与朋友见面	参加工作相关的研讨会	
读书	吃美食	洗衣服	

图 2-3 休息日做什么?怎样度过?

"一日教养、一日休养"的实践② 挑选"自我成长"的活动

近年来，与"工作生活平衡"一样，"工作方法改革"这个词语在人群中也逐渐普及起来。"日本人的工作时间太长了，或者日本人的工作方式太过同质化了"，以这样的认识为前提，无论是政府还是群众开始尝试诸如错峰上下班、每周三天工作制、远程办公等各种各样的缓解措施。由此，我想到了让大家在刚才的"Excel1"上写出自己的闲暇时间是如何度过的这个话题。

请让我来问大家一个问题。

在各位所列出的关键词之中，与"自我成长"相关的有几个呢？

给大家一些时间，请用红色笔把符合的内容圈出来（见图 2-4）。

（1 分钟左右，请完成画圈操作后继续阅读下面的内容）

大家都做得怎么样呢？以前没有将"休息日"和"自我成长"结合起来进行思考的人，也许会感到不知所措吧。

确实，由于近些年"工作生活平衡"说法的影响，"工作

就是工作,生活就是生活",我想有很多像这样使工作和生活界限分明的人。

20XX.4.XX 休息日做什么? 怎样度过?	在咖啡店工作	购物	做扫除
打游戏	逛书店	卡拉OK	做饭
宅在家里	与朋友见面	参加工作相关的研讨会	
读书	吃美食	洗衣服	

图 2-4 与自我成长相关的是?

但是,如果你没有一个可以用红笔圈出的内容的话,请仔细阅读松下幸之助下面的话。

> 公司于昭和 40 年(1965 年)开始实行每周五天的工作制。半年之后,我对公司的员工说了这样一番话。
>
> 公司实行每周五天工作制,已经有半年时间了。大家是如何看待这两天休息日的呢?你们的周末是如何度过的呢?大家是否把这两天休息日有效利用起来了?我希望大家把周末的两天时间,一天用于休息,一天用于学习,利

第 2 章 改革自身的工作方法

> 用周末充实精神世界，提高身体素质，不要浪费了周末的大好时光。
>
> 另外，我还想问大家一个问题：当你努力学习充电和锻炼身体时，是否意识到"我所做的这一切，不仅仅是为了提高自己的知识素养和身体素质，更是作为社会一员的义务"？对于这个问题，大家有没有思考过呢？或者说现在有没有正在思考着呢"
>
> 当时，之所以提出这个问题，是因为我深切地感到，让每个员工认识到有自我提高的义务，是一件非常重要的事。
>
> 源自：《社员心得帖》

现在我们认为理所当然的"每周两天休息制"，实际上日本第一家引入此项制度的企业，就是松下电器产业。

那么松下幸之助是出于何种想法，引入了这项制度呢？

这次谈话中特别重要的部分是，你有没有"努力提升自己，不仅仅是为了自己，更是作为社会一员的义务"这样的觉悟。

也就是说，是否进行学习，并不是由"自己的自由""自己感到很快乐""因为是自己喜欢的事情"这样的想法来决定的。

然而，话虽如此，当大家听到提升自我的理由是"义务"时，还是有不少人感觉到抵触吧。

对于那样的人，一定请你结合前面引用的名言部分来理解。"万物都在不断地生成发展"是自然规律。

既然自身之外的所有环境都处于生成发展的过程中，那自己也需要生成发展，也就是说"自我成长"要顺应自然的潮流。

如果我们违反自然的潮流，疏于自我成长会怎么样呢？

结果是在不断快速发展的商业环境中，自己无论如何也不能主动地对他人做出贡献吧。

不能有所贡献的话当然也不会获得相应的报酬，因此，至少在经济方面应该无法过上理想的生活。

如果你想要踏上"自由的人生""快乐的人生""做自己喜欢事情的人生"之路，就要通过不断的学习使自身获得成长，提高自己的能力。

通过对公司有所贡献，自己也获得了报酬。这可以说是顺应"生成发展"这个自然规律的基础。

"一日教养、一日休养"的实践③ 给自己投资是为了给"别人贡献"?

在刚才所写的"Excel1"中,没有写出一个与自我成长相关的关键词的人。从现在开始,请试着采取与自我成长相关的措施。

另一方面,在阅读本书的读者中,一定有很多是热衷学习的人。一定也有"用红笔圈出了好几个关键词"的人。对于那样的读者,我想再追问以下的问题。

你们的自我投资,"是只为自己而做的吗"?
还是"为了对自己以外的其他人有所贡献而做的呢"

我经常会因为与"一页纸"工作法相关的培训、演讲以及工作坊等机会登上讲台,因此,会遇到很多非常热衷学习的学员。在与他们聊天的过程中,经常会听到他们说:

"浅田老师的这个做法,与××老师的做法很相似啊。"

"××方法与这个方法的区别在哪里呢?"

"我认为,这种方法的优点与××式相比……"

他们对于其他方法了解的详细程度,让作为老师的我都感到十分惊讶。

的确，热衷于为自己投资是没有错的。然而，事实上，在业界内却嘲讽这样的人为"技能收集者、研修班流浪者、技能提升教信徒"等，对他们的学习态度评价并不高。

理由用一句话说就是这些人的学习目的"只是为了能明白，或者只是为了高兴，而不怎么去做"。在序言中给大家介绍的读书态度，也适用于范围更广的学习语境中。

即使学习了也不实践，因此便不会有什么结果。没有结果就开始怀疑方法是不是有问题，于是又去了解别的方法，然后趋之若鹜地去学习。而对于别的方法也依然不去实践。

然后不断重复这一过程，社会上这样的人不在少数。

究竟为什么，这样的学员会如此之多呢？

如果只从他们把周末的时间用来学习这一点来看，他们做的确实没错。因此乍一看应该对他们的所作所为应给予肯定。

但是，我们却忽略了关键的要点。

有利于工作的学习，应该是"为了社会的生成发展做出贡献"而去做的，个人自身的成长只有放在社会这个大背景下才具有价值。

如果你还是不理解"生成发展"的意思，那么，你可以将其理解为"为了解决周围同事或者顾客的问题，对实现他

第 2 章 改革自身的工作方法

们的愿望有所帮助",像这样通过超译来理解也可以。基于这样的意识进行学习,才是顺应自然规律的、良好的自我投资。

"工作生活平衡"这个词语的意思并不是"工作做得差不多就行了,而要把生活(私生活)过得更加充实"。

当然,如果只倾向于成长的话会觉得很累。因此,需要"一日教养,一日休养"。但是,与腾出时间养精蓄锐一样,自我成长也需要匀出时间。这不是以自我为中心的自我成长,而是为他人做出贡献的自我成长。

如果这些理念在你的心中引起了些许共鸣,请一定要熟读这章在之后介绍的松下幸之助的话,熟读到几乎快要背下来。

▶ 使自己和身边的人都能成长的"一页纸"学习法

接下来,要给大家介绍的是符合本章语境的"一页纸"学习法。还想请大家写一下"Excel1",这次请使用 32 个小框来填写。当你制作完成 16 个小框的"Excel1"后,在中间再画四条横线就变成 32 个小框了。

小框做好之后,请在题目栏中填写如下内容。

"工作中发生的问题是什么?"

无论是公司内部还是外部都没有关系。只要写出现在工作中认为"这个是问题"的就OK了。注意,在写的时候只写左半边,也就是最多写15个左右(见图2-5)。

(3分钟左右,写完后请继续阅读后面的内容)

大家都顺利写完了吗?

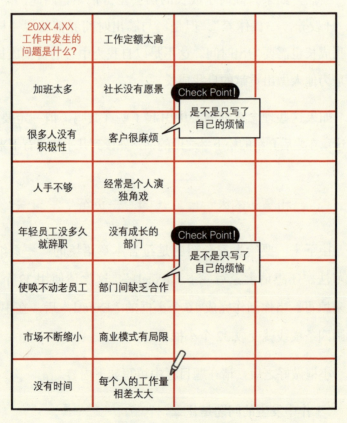

图2-5 "一页纸"学习法①

写完后，首先请大家确认一件事情。那就是：

"你是不是只写了自己的烦恼和不满？"

"除了自己之外有没有写其他人的问题，例如公司、合作企业以及顾客感到烦恼的事情呢？"

正如前文所述，由于我们是"为了周围的生成发展做出贡献"而工作，所以像这样首先写出很多"除自己之外的困扰之事"便成为工作的出发点。

但是，如果让持有自我中心型工作观的人来完成这项作业，要么他们写出的条目数量不会达标，要么虽然填写了很多但写出的都是些自身的烦恼和问题，却对与他人有关的事情只字未提。

最大的问题是"如果不试着写出来自己根本无法意识到这件事，完全不能自知"。请迄今为止读到这里越是觉得"自己没有问题"的人，越要老老实实地动起手来做这项作业。

那么，从现在开始，后面的作业是写出除自己之外职场的同事、职场整体、有业务往来的合作企业以及顾客存在的问题。

首先，请大家用红笔在写出的条目中将自己认为特别想解决的问题圈出来。只要先圈出一个就可以了。

接下来，我们来使用"Excel1"的右半部分。在第 1 行第 3 列的小框中，用绿色笔写出"如何去解决？"然后换成蓝色笔，将你能想到的所有解决方案填在剩下的 15 个小框中（见图 2-6）。

20XX.4.XX 工作中发生的问题是？	工作定额太高	如何去解决？	停止无缘无故地发脾气
加班太多	社长没有愿景	大家一起读人才培养方面的书籍	倾听年轻员工的期望
很多人没有积极性	客户很麻烦	制作交接资料、系统	调查其他公司事例
人手不够	经常是个人演独角戏	倾听年轻员工的牢骚	把握交接工作是如何进行的
年轻员工没多久就辞职	没有成长的部门	问话人才培养部门	把握年轻员工的工作积极性
使唤不动老员工	部门间缺乏合作	增加与年轻员工一对一面谈的机会	
市场不断缩小	商业模式有局限	使公司氛围变得更加明朗	
没有时间	每个人的工作量相差太大	定期表扬员工	不怎么写的出来学习的目的与自我成长相关

图 2-6 "一页纸"学习法②

第 2 章 改革自身的工作方法

请开始吧。

(最多 5 分钟左右,请实际填写完成后继续阅读后面的内容)

现在,各位是否写出了很多对策方案呢?写出来的人,请为这些方案设置好优先顺序,然后认认真真地去执行。此外,对于那些没有写出什么对策方案的人,送你们一句话。

这不正是你们的"学习目的"吗?

迄今为止,你学习的动力也许是"因为有兴趣""想尝试学学看""好像很快乐"之类的以自我为中心的理由。

但是,如果你是以"为了谁的生成发展做出贡献"这个自然规律为中心开始学习,那么你的学习目的就应该变成"为了解决除自己之外的其他人的问题""为了培养能够实现某件事的能力"这样的理由了。

这次试着填写的"Excel"中有些人之所以没有想到什么解决方案,是因为在他们的头脑中能够形成答案的材料还不够充实。

如果可以输出的信息不够充足,就只有继续输入。通过阅读书籍、参加培训、与人交谈等,相信大家能用蓝色笔写出的信息也会不断增加。

> **能顺利归纳信息的"一页纸"学习术**

顺便说一下,在输入信息的时候,也可以使用"Excel1"。

例如读书,在读过之后,以"书的总结"为题填写16个小框或者32个小框的"Excel1"。然后,挑选出那些有影响力的关键词,用蓝色笔填到小框中(见图2-7)。所谓"有影响力的关键词",指的是那些为了达成目的,也就是对解决谁的问题,或者实现谁的愿望有所贡献的有效关键词。

用蓝色笔写下"能引起你共鸣的关键词"

20XX.4.XX 书的总结	即使遇到困难 也不困惑	△△△……	
与超译相比更要 超实践	Excel1	×××……	
行动优先	生成发展		
积极导向	○○○……		

图2-7 能顺利归纳信息的"一页纸"学习术

当你迷失方向时，请反复回去看你刚才写的"工作中发生的问题是什么？"这张"一页纸"。在填写"书的总结"的"Excel1"时，那些就放在手边的、时不时会看一眼的做法，会变成最容易付诸实践的行动吧。

▶ 能马上归纳所说内容的"一页纸"谈话术

在"与人交谈"的语境中也可以使用"Excel1"。事前准备好写有"与A的谈话总结"题目的"一页纸"，以备交谈时记录。

也可以在现场一边听A谈话，一边用蓝色笔填写关键词。听完之后，取出红色笔，问自己"有哪些话对达到目的特别有效？"并把相应的内容圈出来或者用线划出来进行总结（见图2-8）。

"虽然每次做的事情都一样，但'一页纸'归纳法居然对实际应用有这么大效果！"

如果能让作为读者的你发出这样的感叹，那我就十分高兴了。今后所使用的方法也一直是这样的形式。请各位一边享受在不同情况下使用所带来的乐趣，一边尽情地多多书写吧。

① 用蓝色笔记录所听的内容

20XX.4.XX 与A交谈的总结	△△课长	最终目标	公司内的调整
与合作公司之间的麻烦	××先生	今天应该做的事	向上司汇报
关键人物是谁?	解决问题的步骤	各种电子邮件	
○○部长	下次的预约	制作资料	

② 用红色笔标出各项内容的关联性及优先顺序

20XX.4.XX 与A交谈的总结	△△课长	最终目标	公司内的调整
与合作公司之间的麻烦	××先生	今天应该做的事	向上司汇报
关键人物是谁?	解决问题的步骤	各种电子邮件	
○○部长	下次的预约	制作资料	

图 2-8　能立刻归纳谈话内容的"一页纸"谈话术

下雨了就要撑伞

▶ 不断问自己"这是理所当然的状态吗？"

刚才让大家以"工作中发生的问题"为题填写"一页纸"的时候，想必有很多人完全想不起来有任何问题，或填写的都是自己的烦恼。

在这种情况下到底怎么办才好，怎样才能够发现自己独有的、对他人有所贡献的问题呢？接下来我将和大家来探讨这个问题。

从松下幸之助的名言中，可以学习到的发现问题的关键词是：

"下雨了就要撑伞。"

这句话究竟是什么意思呢？

与第 1 章的"即使遇到困难也不困惑"一样，这句话也非常的有名，首先请大家来阅读下面的文章。

那是我刚从松下电器的社长晋升为会长后不久发生的事情。有一位记者来公司采访我，他问道："松下先生，

> 您的公司能如此快速地发展起来,达到现在的水平,有什么秘诀可以向我透露一点吗?"
>
> 我觉得这个问题两三句话很难说清楚,该怎么回答呢?忽然间我转念一想,反问了那位记者一个问题:"要是下雨了,你会怎么办呢?"
>
> 那位年轻的记者被突然这么一问,一脸诧异,有点不知所措。但他还是很认真地回答我:"那就打伞呗。"正如我预想的那样。
>
> "没错,下雨了就要打伞。这就是我们公司发展的秘诀,既是销售的要领,也是经营的要领"。
>
> 我秉持这种看法已经二十多年了,至今仍然没有改变。下雨了就要打伞,才不会被淋湿,这是顺其自然的理性选择。这个道理很平常,几乎是一般人的常识。如果说销售和经营有秘诀,那就是把平常的事当作理所当然该做的事,并且尽力做到最好。
>
> 源自:《经营的本质》

把最平凡的事情理所当然地做好。这就是:"下雨了就要撑伞"的意思,大家理解了吗?

说实话,我第一次看到这句名言的时候,也感觉"这说的不是理所当然的吗"。当时我还是个大学生，不明白这句话的意思，但当我进入社会，在不断积累工作经验的过程中，便逐渐开始理解到这句话所蕴含的深刻含义。

为了使大家能够深入理解这句话，我再从松下其他的著作中引用一段话。

> 曾经有人问过我的经营秘诀是什么，我说："其实并没有什么所谓的经营秘诀，如果一定要说，那就是要合乎'天地自然的法则'。"
>
> 说起合乎"天地自然的法则"去经营之类的话，总会感觉有些复杂，其实就是下雨了就要撑伞这样的事情。下雨了自然要撑伞，这是人人都知道的理所当然的事情。如果下雨了不撑伞，就会淋湿，这也是理所当然的事情。
>
> 像这样，理所当然的事情，要理所当然地去做，这就是我经营的做法与想法。
>
> （中略）
>
> 我说的合乎"天地自然法则的经营"，就是像这样，去做理所当然的事情。或许也可以说要尽力去做到极致。如果将这些该做的事情做到了极致，那么经营也必然会十分顺利。从这个意义来看，经营就变得极为简单了。

> 生产优质的产品,将其销售出去并收取适当的利润,然后严格执行收款。只要正常地做好这些就够了。
>
> 然而,在实际经营的过程中,有时候这些事情也会无法进行。
>
> (中略)
>
> 总之,这是没有做好该做的事情,也就是违背了"天地自然的法则"。可以这样说,所谓的经营失败,几乎全都是由此产生的。
>
> 源自:《实践经营哲学》

看了这段话,想必读者们大概能理解这句名言的含义了。请大家结合第 2 章的题目"顺应生成发展这个自然法则"的观点来理解。

我想要稍微追加解说的是"在实际经营的过程中,有时候这些事情也会无法进行"这部分。"下雨了就要撑伞"这句话说的是"要做理所当然的事情",但我想让大家注意到的是,在实际工作中,存在着理所当然的事情并没有被理所当然地执行这个现实。

有了这样的认知,为了提高解决工作问题的能力、特别

是发现问题的能力,我们就会找到基于这个原则的基本的思考方法。也就是:

- 如何接待顾客,才算是理所当然的呢?
- 如何处理与合作企业的关系,才算是理所当然的呢?
- 部门的管理,达到怎样的状态才算是理所当然的呢?
- 公司的经营,达到怎样的状态才算是理所当然的呢?
- 自己的工作流程,怎样才算是理所当然的状态呢?
- 所属部门(小组)的工作分配,怎样才算是理所当然的状态呢?

如果你经常问自己这样的问题,从"理所当然的状态与现状的比较"出发去分析,就会自行发现如何解决理想当然的状态与现状的差距,应当采取什么措施。到时候,你就应该能发现大大小小、各种各样的问题,甚至会羞于说"自己的工作没什么问题"之类的话。

"下雨了就要撑伞"的实践① 探寻理所当然的状态

我想,如果就这样结束本章内容,那么各位读者只会留下一句"确实如此啊"的感想,结果是什么也不会发生改变。

那么，我们就结合"一页纸"方法，来开拓通往明日可以尽早实践的道路吧。

请先制作 32 个小框的"Excel1"。在描述题目的小框中，请用绿色笔填入今天的日期以及"理所当然的状态是什么？"

关于这个题目所包含的具体内容，可以根据读者自身的工作情况进行调整。可以是接待顾客的方法，职场运营的正确方式，以及事业战略层次的内容等。总之，请你一边思考在你看来"做好什么，变成什么样就能称为理所当然的状态"，一边用绿色笔将脑海中浮现的关键词填到小框内。这次请大家只填写左半部分，最多 15 个小框。给大家几分钟的时间（见图 2-9）。

（最多 5 分钟左右，请填写完毕后继续阅读下面的内容）

"下雨了就要撑伞"的实践② 探究没有成为理所当然的现实

接下来，请大家来填写右半部分。首先请用绿色笔在第 1 行第 3 列小框中写上"问题出在哪里？"。通过将左边填写的"理所当然的状态"与现状进行对比，就应该能够发现一些问题点。请用蓝色笔写出来。

（最多 5 分钟左右，请实际填写完成后继续阅读后面的内容）

第2章 改革自身的工作方法

20XX.4.XX 理所当然的状态是什么?	顾客至上	问题出在哪里?	思考他人的责任
按规定时间完成	随时共享信息	好像要晚于规定时间	20XX.4.XX 理所当然的状态是?
掌握市场动态	制定今后5年的战略方案	市场调研不足	
细致的事前调查	员工不离职	职场氛围沉闷	
充满活力的职场	员工积极性高	加班多	
易于讨论的环境	身先士卒	以自己方便优先的工作	
高效的经营	易于与人商谈	没有先见之明的经营	
没有加班		员工容易辞职	

图 2-9　自问问题出在哪里了?

各位都顺利发现问题、体验基本的程序了吗? 如果能和图 2-6 介绍的方法结合起来, 就会有解决问题的行动了。

在商务技能培训中, 有一种说法是"发现问题比解决问题更重要"。而实际上, 如果你想要发现更为高深、更为精细化的问题,这是非常复杂的。

　　只是,即使你学习了这些商学院所谓的问题解决(发现)方法,感觉太难不能实践,结果是学了半天什么也没掌握,不久也都忘记了,那么你的这种自我投资就没什么意义。

　　或者是,即使你有实践的能力,但由于每天繁忙的工作或者周围环境的限制,在时间上、预算上、人力资源上难以确保能够去实践,这样的事例也是很多的。

　　这次给大家介绍的做法,通过让大家思考"什么是理所当然的状态",然后去比较理想和现实的差距,可以说是非常简单的方法。

　　由于说的是"下雨了就要撑伞""买了东西就要付钱""工作的时候认真确认、签订合同之后再开始合作"这种水平的话,可以说与商学院那些高大上的理论相比太小巫见大巫了。

　　然而,无论是中小企业还是大企业,在实际工作中都能够感受到,现实中"理所当然的事情没有理所当然地执行的情况"随处可见。

　　为了生成发展而应该解决的问题,在日常生活中要多少有多少。

第2章 改革自身的工作方法

不要太踮起脚逞强了，我们有必要先把身边这样的问题一个一个脚踏实地地解决掉。

想必阅读本书的读者们每个人所处的阶段各不相同，请大家一定站在各自的立场上，积极地让"理所当然的状态"得以实现。

晨间计划、白天执行、傍晚反省

▶ 用 PDCA 循环表示松下幸之助的名言

下面，我来总结一下到目前为止讲述的内容。

首先，思考什么是理所当然的状态，然后将其与工作的现状进行比较，从而发现问题。

发现问题后思考解决对策，并付诸行动。

如果进展得不顺利，或者说实在想不出解决的方案，那么就要在找出解决方案前不断尝试增加输入。

所有的这一切并不是抽象论，而是只通过书写"一页纸"这个简单的操作就能走向通往实践的道路，这就是刚才所说的要点。

在学习这一系列的流程之后，请阅读松下幸之助下面的话。

> 作为松下电器的经营者，至今为止，我在各种场合谈论过、也发表过一些经营心得。最近经常有读者向我提出，希望我能把自己的经验集成一本书，于是我挑选了一

第 2 章 改革自身的工作方法

些经营心得，汇集在此。重读它们，我发现对于经营者来说，最重要的是其人生的基本态度。

佛教徒有早课与晚课，他们一早起来就会向佛行礼，到了黄昏会感谢自己又平安度过了一天。其实我们在工作中也一样，晨起即计划一天中要做的事情，白天去努力实现计划，到了傍晚进行反省，每一天都是这样的重复。同样，每个月、每年的一开始，我们也是制订计划，到了月底和年底进行反省。如此往复，重复五年，我想五年中的反省足以让我们发现很多自己做得对与做得不对的地方。

从我自身的经验来看，即使当时觉得自己做得都很正确，但时隔五年再来回顾，就会发现只有一半的行为可以称作"成功"，还有一半的做法不能称之为"正确"，甚至可以用"失败"来形容。我就是这样一边反省、总结，一边走到了今天，成为一个犯错越来越少的经营者。

总之，在经营的过程中，创意、实行、反省，是三个十分重要的步骤，重视它们，也是我人生的基本态度。

源自：《经营心得帖》

"创意、实行、反省"

如果用现在商业书籍中流行的话语来说，就是PDCA。

- P（Plan）：事前好好思考（创意）
- D（Do）：尝试去做（实行）
- C（Check）：反省后再次好好思考（反省和创意）
- A（Action）：改善（实行）

这样的重复是工作的根本，那么，究竟怎样做才能完成创意、实行、反省、实行这样的每日循环呢？

关于这一点可以用很多工作中的事例来解释，目前如果你能实践第1章和第2章的内容，就已经足够了。

也就是说，在"P=创意"阶段，根据"理所当然的状态与现状的比较"找出应当解决的问题。然后，想出为了解决问题而应该采取的行动方案，在确定方案优先顺序后付诸行动。这就到了"D=实行"阶段。

只是，关于这个实行部分，我还有一点想补充的内容。

事实上在第56页，我给大家设下了一个"小圈套"。究竟是什么呢？我特意使用了"设置优先顺序后认认真真地付诸行动"这个看似难以付诸行动的表达方式。熟悉本书世界观的人看到这句话后恐怕会有这样的感觉。

第 2 章 改革自身的工作方法

"优先顺序？应该如何设置呢……"

事实上，当你的下属或者后辈向你请教"如何设置优先顺序"的问题时，你该如何回答，你能够给对方提供能让他们付诸实际行动的建议吗？

如果你感觉很难回答这个问题，恐怕是因为就连你自己也无法很好地设置优先顺序吧。那么，请你一定参考下面我给大家介绍的方法。

▶ 无论何时都能够做出正确决断的"一页纸"优先顺序决定法

请取出刚才让大家写的以"如何解决"为题的"Excel"。

让我们一起通过下面的程序，为纸上写出的对策方案设置优先顺序，来决定实际执行的事情吧。

请大家拿起红色笔。将符合以下三个问题的内容，分别圈出三个。

问题 1：（不管能否完成）只要做就会有效果的对策是哪个？

问题 2：易于实施的，能够简单实行的对策是哪个？

问题 3：（主观感受就可以）自己特别想要实行的对策是

哪个？

对于问题1，请用圆圈画出来。而问题2用三角形，问题3请改用四方形圈出来。

之所以要改变圈出符号的形状，是因为可以得出符合多数问题的、被圈出多次的对策方案。这样做可以一目了然地看出是针对哪个问题圈出的符号，视觉上的变化较为明显。那么给大家一些时间，请大家开始做吧（见图2-10）。

（1分钟左右，实际完成画圈作业后请继续阅读下面的内容）

圈好后，请整体浏览一下你书写的"一页纸"。

这样一来，你应该做的事情是不是就能够一目了然地展现出来了。被多数符号圈起来的内容自然就是需要最优先去做的。因此，先以这些项目为重点去执行就可以了。

各位感觉怎么样呢？由于方法太简单了，可能有很多人会觉得有点失落。那么，接下来我特意使用一些晦涩的表达，来试着总结一下这个方法。

这个做法是从"有效性"（是否有效果）、"实现性"（是否易于实行）、"偏好性"（是否想做）这三个观点来考虑"应该采用什么样的对策方案"。

第2章 改革自身的工作方法

从图2-6写出的解决方案中……

20XX.4.XX 工作中发生的问题是什么?	工作定额太高	如何解决?	停止无缘无故地发脾气
加班太多	社长没有愿景	大家一起读人才培养方面的书籍	倾听年轻员工的期望
很多人没有积极性	客户很麻烦	制作交接资料、系统	调查其他公司事例
人手不够	经常是个人演独角戏	倾听年轻员工的牢骚	把握交接工作是如何进行的
年轻员工没多久就辞职	没有成长的部门	问话人才培养部门	把握年轻员工的工作积极性
使唤不动老员工	部门间缺乏合作	增加与年轻员工一对一面谈的机会	将优先顺序高的解决方案"可视化"
市场不断缩小	商业模式有局限	使公司氛围变得更加明朗	
没有时间	每个人的工作量相差太大	定期表扬员工	

注:○——(不管能否能完成)只要做就会有效果的对策是哪个?
　　△——易于实施的,能够简单实行的对策是哪个?
　　□——(主观感受就可以)自己特别想要实行的对策是哪个?

图2-10 "一页纸"优先顺序决定法

如果对策方案包含以上三个观点,或者是被多个符号重复圈出,那这就是应该优先实行的内容。通过从不同的观点反复思考问题，显现出优先顺序，并以可视化的方式表现出来，这就是"一页纸"优先顺序决定法。

如果还是有人不太明白"这种做法的价值"，那么，请你考虑一下"如果我们在头脑中只想同样的事情会怎么样呢？"

大多数读者应该会觉得"只在头脑中想的话，无论如何也做不到吧"。当然，根据题目不同有人也许会认为"没有纸也没关系"，那么，果真是无论什么题目都是"没有纸"也可以做到的吗？

当在头脑中只想一件事无法奏效时，有没有其他的替代方案呢？如果通过书写"一页纸"就能够替代，那么掌握这种方法的理由就应该十分充分了。

或者说，即使自己能够完成，但下属或者后辈是否能够在头脑中只进行同等水平的思路整理呢？如果对方无法做到，自己该如何将头脑中所想的事情通过言语和动作教给对方呢？

这个时候，如果能掌握这个方法，可以说对下属或者后辈的生成发展做出了贡献。

到这里，如果能将以前的视野不断扩大，就能够感觉到

"一页纸"优先顺序决定法的"有效性"和"实现性"。

如果你能够发自内心地产生"想要尝试这个方法"的"偏好性",我将会感到十分高兴。

▶ 不断围绕"计划和执行"的"一页纸"反省术

在给大家介绍了关于计划(P)和执行(D)的"一页纸"实践法之后,接下来是反省(C)的"一页纸"技术。"每日反省"虽然是一种理想的状态,但实践起来却是非常困难的。可以以日、周、月为单位。在这里我想给大家介绍的是最容易产生直观印象的,也是最容易执行的以"周"为单位进行反省的事例。

我们假设每天执行第 73 页的"计划"阶段考虑的对策方案,并且已经坚持了一周。

在这个阶段,还要请大家来填写 32 个小框的"Excel1"。首先,在左上方的题目栏内请写上"工作的目的是什么?"

出于什么考虑的对策方案,这一周以来切实执行了吗?当然,因为是为了达到目的,你是否准确地记得最初的目的,希望你试着重新写下来。

我们经常会说"手段和目的被混淆""迷失了方向",无论谁都容易迷失方向。事实上，经常有很多学员由于无法在这个阶段顺利写出目的而感到不知所措。

为什么会不知所措呢？因为他们并没有意识到那是一个可以"写在纸上"的事实。但如果不写出来就不会明白，只有写出来才会获得自我意识。正因为如此，"反省＝回顾过去"的第一步就是"明确记录目的"。让我们用蓝色笔进行填写。

接下来，请在第1行第2列的小框内，用绿色笔填写"这周实际做的事情是什么？"。请用绿色笔写出这一周来，为了达到目的实际做过的事情。

写完后请取出红色笔，问自己"感觉做了真好的事情"是什么。即使是非常主观的评价也没关系，请将符合的内容圈出来。完成之后以"需要改善的是什么？"为题目，将符合的内容用三角形圈出来。

然后，请在第1行第3列的小框内用蓝色笔写上"下周怎么做？"这个题目。如果第3列被前面问题的关键词填满了，写在第4列也可以。

最后用三角形圈出来的内容为应该改善的项目，请写出下周应该做什么。写好后的归纳总结方法，与"一页纸"优先顺序决定法（72页）相同（见图2-11）。

第2章 改革自身的工作方法

① 写出"工作的目的"和"实际做的事",将做了真好的事情用圆圈、有必要改善的事情用三角形圈出来

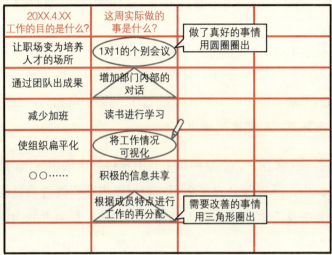

② 在以上的基础上,写出"下周准备试着去做的事"

图 2-11 不断围绕"计划和执行"的"一页纸"反省术

"计划、执行、反省"的秘诀① 与"积极导向"进行区分

到这里为止,"计划""执行""反省"的所有内容,我们都通过"一页纸"进行了实践,第2章的内容也就随之结束了。接下来"请大家实际开始做吧",与第1章相同,最后再给大家补充三个实践的秘诀。

第一个秘诀:"不要与第1章的积极导向混淆"。在此次的操作中,反省部分有一个用三角形圈出需要改善项目的程序。关于这一点,也许有人会感觉"与第1章中讲的内容不一样"。

有这样感觉的人,难道不正是忘记了"目的"的人吗?

第1章的目的是"掌握积极导向的思维方式"。因此,有必要将写下的内容尽量用积极的方式进行解释,我们想让大家养成这样的习惯。

但这次的目的是"改善今后的工作方法,使自身获得成长,对自己之外的其他人的生成发展做出贡献"。因此,如果"所有的事情都很完美了"就谈不上去改善了。

由于目的模糊,才会产生这样的混乱。如果用肌肉锻炼做比喻,我们可以这样来理解,第1章我们做的是腹肌锻炼,现在第2章做的是背部肌肉锻炼。每部分都是很重

要的肌肉，但我们想要锻炼的要点和目的却不一样。用看得见的身体打比方就会简单明了，而一旦变成脑袋中要思考的问题则马上容易混淆。请各位一定注意。

"计划、执行、反省"的秘诀② 不过度拘泥于"每×做什么"

第二个秘诀："不要拘泥于时间"这一点。

如果我们去看商业书架上令人眼花缭乱的 PDCA 类书籍，会发现里面有很多都会写"每天做什么""每周做什么""每月做什么"之类的话。事实上，如果能够定期按计划去做就再好不过了，但这对大多数人来说却是极难的事情。

这其中也许会有个人自我意志方面的问题，特别是白领人士，也许每天都会面临诸如"紧急出差""突然发生了需要马上应对的事件""突然被上司安排了工作"等自己无法控制的局面。

这样一来，已经计划好的事情就会无法执行。一般来说，由于我们要求自己"一定要定期去做"，有些人因此会陷入过度的失落中。

"啊，本来已经计划好要做的事情，到今天还没有开始做……"

如此一来，打算明天之后重新开始做的话，尤其在精神方面就会面临很大的阻碍。很容易会陷入"不想做第二次了"的状态中（如果养成了第1章的"积极导向"思维习惯就不会有这样的问题）。

为了不发生类似的事情，我认为还是不要固执地计划"每天写""每周写"之类的内容比较好。可以更加灵活地安排，像"每三天写一次""每周最少在哪里写一次"这样的，留有一定的缓冲去做就可以了。

目的是"形成习惯"。不管怎样，如果不坚持的话，就没有意义。请大家根据自己的现状灵活地安排处理。

"计划、执行、反省"的秘诀③　做到60%就好

第三个秘诀："做到六成就OK"这样的感觉。这个最终也是取决于"积极导向"的思维习惯形成到何种程度（因此，第1章非常重要），如果方法如此简单的话，估计有些人会将信将疑道"果真只做这些就可以吗？"

事实上，关于明确问题和想出对策的程序，如果想要更加深入地分析怎么做都不为过。与这样细致的分析相比，本书的方法稍显粗糙，如果深究起来是可以这样说的。

然而，现实是即使你知道那样细致的解决问题的方法，

能够实际运用的人却寥寥无几。请大家环顾一下自己所在的工作场所。能够将商学院学到的方法应用在日常工作中的员工，究竟有多少呢？

而且，松下幸之助还说过下面的话。

> 无论做什么工作，着手实干之前都要先做判断。判断失误，则所有努力都付之东流。
>
> 然而，人毕竟不是神仙，不可能自始至终、方方面面都做出准确的判断，没有思考的差错，如果这是可以实现的，那么当然再好不过，但百分之百的准确率实在可望不可及。只有神仙才能够做到。凡夫俗子对一件事情有60%的把握已属难能可贵了。有60%的把握做判断，也应该算妥当了。
>
> 接下来，就要看你的勇气和执行力了。
>
> 再有把握的判断，如果缺乏勇气和执行力，也就没了价值。勇气和执行力能让60%的判断，结出100%的果实。
>
> 60%就可以了，但愿我们能以谦虚、认真的态度做出判断，再凭借勇气和执行力达成100%的结果。
>
> 源自：《道路无限宽广》

只是通过在"一页纸"上试着写出来这样简单的实践，就能够充分获得对于很多问题"60%的预测和确信"。

相反，我们也可以说，无法决断"去做吧！"是由于"缺乏勇气和执行力"。

在"必须更加精细地思考"前，我们应该先试着去看看追求极致的自己背后，是否缺乏勇气、是否胆小与脆弱。如果此书能让大家意识到那样的盲点，那我会感到十分欣慰。

请大家在以上三个秘诀的基础上，一定积极地去改革自身的工作方法。

第 3 章

改革与人交往的方式

　　随着无纸化办公的兴盛和信息的过度摄入,我们正被超信息化社会吞没着,其结果是畏惧"与人交流"的商业人士,正在以前所未有的速度增加。

　　松下幸之助是"善于用人"的天才。

　　他大胆地委任工作于下属,激发员工的工作干劲,时至今日仍为广大民众所深深敬爱。

　　本章将用"一页纸"为大家介绍实践松下与人交往的本质技术。

用七分力看人长处，三分力看人短处

▶ 与讨厌的人交往

到第 2 章为止，我们跟大家聊的话题都是"在个人能够控制的范围内"的。

而在第 3 章中，我们要重点给大家介绍"如何与周围的人相处"这个超过个人控制范围的话题。

我们每天都会在工作中进行各种各样的商务交流。那么，怎么做才能迅速改善人际关系，从而缩短工作时间以及缓解工作压力呢？

当然，需要大家去做的还是继续书写"一页纸"，仅此而已。

那么，就请大家抓紧时间，用绿色笔填写 32 个小框的"Excel1"。在左上方的小框中填入日期和题目，这次的题目是"在工作中打交道的人是谁？"

然后请用 3 分钟左右的时间，用蓝色笔写出在工作中需要打交道的人的名字。

第 3 章 改革与人交往的方式

公司内外的都可以。除了职场的同事，有业务往来的企业或者客户也可以。

考虑到后面的事情，这项工作还是低调进行比较好。你在写人名的时候不要让别人看到。为了慎重起见，不要写真实姓名，而用人名的首字母代替会比较好。

"Excel1"的右半部分我们后面会用到，左半部分请最多写出 15 个人的名字。

（3 分钟左右，写完后请继续阅读后面的内容）

接下来，我们使用红色笔。

请将符合以下内容的人圈出来。

"与优点相比缺点更加突出的人，说实话感觉稍微难以相处的人是谁呢？"

这次无论圈出几个人都没问题。

不管怎样，只要你觉得"和这个人稍微有点难以交流……""有可能的话，不想和这个人一起工作……"，无论几个人都可以，请你把他们圈出来（见图 3-1）。

（1 分钟左右，请实际完成圈出操作后继续阅读后面的内容）

写出在工作中打交道的人的名字,并圈出感觉难以相处的人

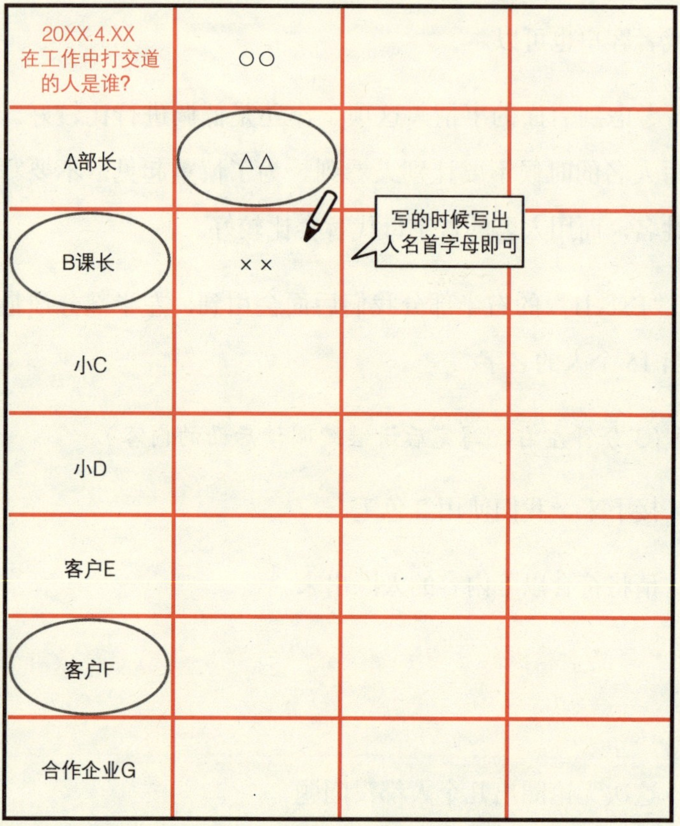

20XX.4.XX 在工作中打交道的人是谁?	○○				
A部长	△△				
B课长	××				
小C					
小D					
客户E					
客户F					
合作企业G					

写的时候写出人名首字母即可

图 3-1　在工作中打交道的人是谁?

大家做得怎么样了?到这里,事前准备工作就结束了。

或许有的人在做这项工作时会怀有内疚的心情。

但是,请不要担心。接下来我会为大家详细解释与这项工作相关的背景。

第 3 章 改革与人交往的方式

▶ 人际关系的基础也是"积极导向"

正如序言中介绍的那样,松下幸之助既没有学历又自幼体弱多病。尽管境况如此,他能够创立起日本具有代表性的企业不是没有原因的。请大家阅读下面的文章。

> 我自知才疏学浅,缺乏起码的本领,属于极其普通之辈。然而,世间却有人评价我是"经营得力""用人有方",对此我是受之有愧。不过,被人这么说久了,我不由得认真思忖了其中的缘由,并由此意识到一个细节。
>
> 这是因为我能够做到高看每一位部下,认为他们每一个人都比我有学问、有本领。
>
> 当然,久居总经理和董事长之位的我也会时常提醒部下,有时候责骂他们,把他们说得一文不值。不过,我是从总经理或董事长的立场出发训斥他们的,并非认为自己比他们更出色。训斥归训斥,但内心中我仍然认为他们比我优秀。
>
> 我认为,以如此的心态待人接物,或许正是没有什么能拿出手的我能够在经营方面取得一些成就,被人赞为"经营得力""用人有方"的原因。
>
> 源自:《经营心得帖》

正因为自己没有学历，因此"认为大家都很优秀"。

这难道不正是"积极导向"思维的一个例子吗？

一般来说，像松下这样的人通常会有很深的自卑感，他们会在与人交往时故意虚张声势，贬低别人而抬高自己。

由于嫉妒心的驱使，这类人还经常会做出一些给人使绊、拉人下马之类的勾当。但是，如果拥有"积极导向"思维，其结果是在处理人际关系时会学习松下这样的想法。

相反，如果你认为"自己很优秀"，精英意识过强，而且又持有"消极导向"思维，会发生什么样的事情呢？

接着刚才引用的文章，松下幸之助介绍了一个社长的例子。

有一位跟松下电器有业务往来企业的社长，经常说自己员工的坏话。由于那位社长自身是一位非常有能力、有手腕的人，所以认为自己的部下能力全都不行。

不仅限于社长，越是那些工作年数长的老员工，越是多多少少会抱有这样的想法。但松下幸之助认为，那种净说员工坏话的公司或者店铺一定不会有太大的作为。

相反，那些持有"自己的部下全都能力突出，真的感到心满意足"这样"积极导向"思维的社长的企业，员工的业绩会不断提高，经营也会非常顺利。

从对比中我们可以明确的是，问题在于身处高位的人，对于自己的部下，能否发现他们比自己更为优秀的部分。需要大家注意的是，并不是说"不能看到部下的短处"。我们既要看到"好的方面"也要看到"坏的方面"。在此基础上，尽可能选择"好的方面"与他人进行交流。

在人际关系的处理以及公司经营方面，也要看你是否能够贯彻"积极导向"的思维。

到目前为止，请各位确认一下实践的方向是否已经"从自身转移到他人"。

▶ 各尽所能

让我再来引用一篇从其他观点讲述的话。

> 追求完美无缺，是每个人的理想之一，也是每个人的愿望所在。因此，大家相互追求完美也是不得已之事，然而当苦苦追求却求之不得时，就会在不知不觉间自寻烦恼，也会让他人陷入痛苦之中。于是，我们不禁要问，到底有没有所谓的完美无缺呢？松树的枝干无法长出樱花。牛无法像马那般嘶叫。大自然中每个个体并不是完美无缺的，但它们都能按照自己的本性，发挥着自己的作用，相

> 互取长补短，从而在和谐之中形成了丰富多彩的美。
>
> 人也是一样。即使彼此并不完美，但只要按照自己的本性，最大限度地发挥自身的本领，就能够在和谐中创造自己和他人的幸福。如果你能素直地理解这个道理，就会心生谦和、宽容待人。大家才能够同心协力、取长补短。男人就是男人，女人就是女人。牛儿哞哞、马儿嘶嘶。各安其分，各尽所能，繁荣的原理就是如此简单。
>
> 源自：《道路无限宽广》

刚才引用的这篇小文，与第1章的将"积极导向"不是用于自己而是用于别人这句话相比，想让大家联想到第2章一开头的关键句。也就是"试着顺应自然规律去思考"。从这里开始加深理解的话会怎么样呢？

这次的自明之理是"人无完人"。谁也不能否认这个道理吧。

正是从这样"谁都认同"、并且欣然接受的观点出发，我们才会自然地、"素直"地推导出每个人的"本性也就是还是要看别人的长处比较好"这个结论。

我之所以会被松下幸之助的这个观点所吸引，是因为其始终如一地贯彻着"从理所当然的事情出发"这样的世界观。

第3章 改革与人交往的方式

因为是"理所当然"并不等于"无聊的",正因为是"理所当然",不同年代出生的人、不同国籍的人,都能够充分地理解和赞同。

因此,如果遵循这样的世界观去开展工作就一定会有效果。就好像是应该被后世传承的文化遗产。

最后,我再来给大家介绍一个更直接描写长处的词语。

以我自己的经验来说,本来作为领导者的心得是:尽量多看一个人的优点,少看其缺点。有时,因为过分关注一个人的长处了,难免会出现"委之以超出其能力重任"的情况。不过我认为这也没什么。

如果只盯着一个人的短处,那我们不仅不能放心地把工作交给他,还会整天为其可能犯的错误而提心吊胆,这不仅会削弱我们在经营上的锐气,还会给公司、店铺的发展带来消极影响。

不过,与员工的短处相比,幸好我一般都是看部下的长处和才能,所以我很容易就能判断"这事交给某人一定没问题!他就擅长这个!""以某人的能力,一定能胜任主任,或是部长,或是把整个分公司都交给他经营。"往往在我们毫不担心地对部下委以重任后,他们的能力也真的能够得到锻炼，并很快地成长起来。

因此，凡是拥有部下的人，都应尽力去发掘部下的优点，然后在工作中多发挥其长处，这一点很重要。当然，同时应多纠正其缺点，这也同样重要。总之，用七分力去发现其长处，用三分力去纠正其缺点，这样大致就可以了。

与此同时，作为部下，也应多看上司的优点，对上司要心怀敬意，看到上司的短处要尽力弥补。只有这样，你才能成为一个好部下和上司不可缺少的得力助手。人们不是常说：丰臣秀吉就是因为善于发现主人织田信长的长处，所以成功了；而明智光秀只看到了织田信长的短处，所以失败了。历史的教训也值得我们细细回味。

源自：《经营心得帖》

"用七分力看人长处，三分力看人短处。"

由于连数字都明确记录了下来，想必各位已经深入理解了刚才的内容。只是，一旦实践起来，几乎所有人都会觉得"虽然这么说……"。

事实上，这比第1章介绍的要以"积极导向"看待自身更加难以做到。那么我们就试着体验一下吧。

请大家取出刚才以"工作中打交道的人是谁？"为题书

写的"一页纸"。右半部分应该还空着,请在第1行第3列的小框中写上下面的全新标题。

"这个人的长处是什么?"

究竟希望大家写出谁的长处呢?就是刚才各位用红笔圈出来的人。

请大家从这些人中,选出感觉难以交往的、排名第三的人,凭自己的主观判断也没有关系。

如果让大家写出感觉最难以交往的人的长处,恐怕接下来要介绍的方法就会无法进行到最后。所以让大家选了排名第三的人。

尽管如此,即使是选出排行第三的人,也经常会听到大家"这个人没有长处""不想写那样的事"等声音。

即便如此,还是请大家用1分钟的时间,挑战自己尝试写出来。对于那些觉得"没有问题"的人,请用几分钟的时间完成这项工作(见图3-2)。

(1~3分钟左右,请大家写完后继续阅读后面的内容)

这项工作想必给很多人增加了精神负担,我对大家的配合深表感谢。

20XX.4.XX 在工作中打交道的人是谁?	○○	这个人的长处是什么?	
A部长	△△	能够明确地说出难以启齿的事情	
B课长	××	经常为顾客着想	
小C		在公司外部人脉很广	
小D		成果意识很强	
客户的E			
客户的F			
合作企业的G			

图 3-2 写出感觉难以相处的人的长处

　　这项工作应该比第 1 章的，对发生在自身的事情给予积极的解释，更会给大家带来心理上的负担。

　　那我们究竟要怎么做，才能更加关注到别人的长处呢？

　　这里我们有一个具体的方法。

第 3 章　改革与人交往的方式

这个方法要用到心理疗法的知识，话虽这么说也并不是让大家做什么特别的事情。

我们依然是进行书写"一页纸"的操作。接下来，我就给大家做详细介绍。

▶ 用"一页纸"发现讨厌的人的长处

请大家首先填写 32 个小框的"Excel1"。题目是"为什么讨厌这个人？"或者是"你讨厌他什么地方？"请用绿色笔填写（请填写任意一项或两项）。

对于刚才你选出来的"排名第三的讨厌的人"，为什么你那么讨厌他，请把你能够想到的理由用蓝色笔写出来。

同时，由于你讨厌的人应该曾经对你做过什么事，说过什么话，如果有那样的言语或行动，请如实填写。

请最多填写 15 个左右。计划把左半部分都填满，给大家几分钟的时间填写。这项工作也许比之前的工作更加耗费精力，但后面就会十分轻松了，请大家"素直"地填写。

（3 分钟左右，请大家写完后继续阅读后面的内容）

接下来请拿出红色笔。

请以"感觉特别讨厌的理由是什么？""被说过特别讨厌的话是什么？""被做过特别讨厌的事是什么？"为题，圈出符合的三项内容。给大家一些时间。

（1分钟左右，请大家完成此项操作后继续阅读后面的内容）

到此为止，虽然辛苦，但所做的事情本身与之前的事是一样的。

只是，正式的工作，才刚刚开始。

接下来请用几分钟时间，看一下你刚才写出的"Excel1"（左半部分）。

确实是"只是看着"就可以了。

然后，请大家感觉一下看到这些内容时出现的"生气""悲伤""胃疼"等情感或者身体的变化（见图3-3）。

没有必要去消除这些负面情感和身体上的不适感。只要一直这样感觉下去就可以了。

确实是非常难过的3分钟，到这里所有的程序就结束了。请大家不要逃避地去面对这项工作。

（3分钟左右，完成此项工作后请继续阅读后面的内容）

第 3 章　改革与人交往的方式

写出"排行第三的感觉难以相处的人"难以相处的理由，并圈出尤其重要的理由

20XX.4.XX 为什么难以相处？	害怕		
不懂得察言观色	很难搭话		
不知道他内心的真实想法	有一点傲慢		
冷静而透彻	好像内心看不起我		
无法向其透露内心的真实想法	态度多为冷淡		
精于办公室政治	和自己不是一路人		
有时言语刻薄	有时不考虑周围人的感受	这次尽量试着填写15个！	
不理解无法完成工作的人的感受	看不起公司内的人		

图 3-3　感觉难以相处的理由是什么？

对于大家主动采取的这个坚持到最后的行为，我表示深深的感谢。

让我们舒展筋骨，放松一下。将视线投向远方把头脑放

105

空，暂时离开"Excel1"。也可以喝杯咖啡或者抽根烟，去趟卫生间，从现场离开一会儿。

像这样稍微隔开一段时间后，请大家再重新浏览一下刚才所看的"Excel1"。各位能感受到自己心情的变化了吗？

如果再次看的时候，你处于：

"没有感受到当初情感的变化。"

"也许什么都没想。"

"一直看心里也很平静。"

拥有这样的状态，这项工作就算是成功了。

接下来，我们来填写"Excel1"的右半部分。

请在第1行第3列的小框中用绿色笔写上"那个人的长处是什么？"给大家几分钟的时间，和刚才一样请用蓝色笔写出这次你选出的人的长处（见图3-4）。

（3分钟左右，写完后请继续阅读后面的内容）

大家做得怎么样了呢？

如果比第1次写出的长处数量多了，可以说这项工作的设计意图就达到了。

第3章 改革与人交往的方式

盯着看左半边,过一段时间后写出这个人的长处

20XX.4.XX 为什么难以相处?	害怕	这个人的长处 是什么?	在工作方面是 榜样模范
不懂得察言观色	很难搭话	能够冷静地判断 事物	擅长与人保持 距离
不知道他内心的 真实想法	有一点傲慢	对人一视同仁	在某种意义上说 比较单纯
冷静而透彻	好像内心看不 起我	能够明确表明 自己的想法	有一定的声望
无法向其透露内心 的真实想法	态度多为冷淡	有自信	
精于办公室政治	和自己不是一 路人	没有模棱两可的 分歧	
有时言语刻薄	有时不考虑周围 人的感受	目标易于理解	
不理解无法完成 工作的人的感受	看不起公司内 的人	为了出成果需要 学习的东西很多	

如果能写出比图3-2多的内容就OK!

图 3-4 再次写出这个人的长处

▶ 发现长处,首先试着去信赖

我曾经历过由于压力过大导致的身心崩溃,也正是在那段时期我集中学习了心理疗法。也就是我将"一日休养"的

"一日"用于心理疗法的学习。

虽然我学习了很多几乎够用一辈子的知识和见解，但在这里只给大家介绍一个符合这次语境的话语。

用一句话说就是：

"如果你能够一直主动地勇于面对自己的负面情感，它就会逐渐消失。"

相反，我们也可以说：

"如果你不能勇于面对，而是选择逃避负面情感，它就会一直困扰你。"

对于有些人来说，即使有的人满身缺点，难以相处，甚至感觉讨厌，但还要不得不和他们在一起工作。要想找到这些人的长处，并且必须以一种积极的心态与其相处的话，首先就要主动地面对这些人的短处、棘手的部分、讨厌的要素等。

这件事情也许是一个让你感到非常难受的过程，即便如此也请你每次用几分钟的时间，只要以自己的意志坚持去面对，负面的情感就会逐渐消失。如果一次消失不了，请主动地反复数次，负面情感就会逐渐淡化。

在负面情感逐渐平和的状态下，再试着写出那些人的长

第3章　改革与人交往的方式

处，就确实能够发现他们哪怕一两个，以前不曾注意到的长处了。

接下来，请你关注对方的长处，并且以放大对方优点的心态与其交往，这样你的压力感就会慢慢减轻。也会由此产生想要和对方多多交往的、更加主动的意愿。

如此一来，站在上司的立场上，就能够做出"把这个工作托付给他"的决断，即使是作为部下，也能对上司产生出"跟着他好好干"的信赖感。

这里我写出"托付""信赖"这样的字眼，那么就再给大家介绍一段与这个题目相关的松下幸之助说的话。

这次的内容稍微有点长，请大家结合前面的内容细细品味。

> 多年来，我有幸与很多人合作共事，结下了很多值得珍惜的缘分。时至今日，让我深有感触的是：总体看来，绝大多数人都十分优秀，只要给予他们足够的信任，他们定能回报别人的信任。而且，人与人之间相互信任，有益于身心健康，有助于建立融洽的人际关系。
>
> 记得我和三个家人开始电子器具的制造之初，曾经发生过这样一件事：当时业务十分繁忙，我们三个人忙不过

来，于是对外招聘了四五个员工。这时，我们遇到了一个难题。当年，我们生产的产品是电器插座，它的原材料是一种用沥青、石棉和石膏粉等物混合搅拌而成的膏状物。在那个年代，这种膏状物属于新发明，各家工厂都把它的制作工艺当成商业秘密，只透露给自家兄弟或亲戚，以家庭作坊的形式进行生产。因此，该不该把膏状物的制作秘方教给刚招聘来的员工？我们在这个问题上发生了分歧。

当时，我认为，其他工厂只依靠自家亲戚干活，对外人守口如瓶，甚至禁止普通员工进入生产现场，这种做法不利于提高工作效率。再说，招聘的员工也是企业的一分子，把他们当成外人提防着，未免太不公平了。于是，我决定把这种膏状物的制作工艺毫无保留地教给他们，让他们一起参与生产。

有位同行听说了这件事，劝告我说："你这么做恐怕会让生产工艺落到外人手里，导致咱们的对手越来越多，对你自己，对我们，都没有什么好处呀！"不可否认，同行的忠告的确是一种善意的提醒。不过，我依然相信，我连这么重要的商业秘密都毫无保留地传授给了员工们，他们怎么会轻易背叛我呢？

第3章　改革与人交往的方式

幸运的是，产品的生产工艺并没有被泄露出去，我的做法取得了很好的效果。员工们受到信任，工作热情更高了，整个工厂都洋溢着和谐、真诚的气氛，生产效率大幅提高。

这件事让我更加坚信，一定要相信自己的员工，放心地给他们机会。例如，我曾经让刚20岁出头的年轻人负责公司在金泽开设新事务所的筹备工作，让爱动脑筋的员工负责新产品的开发。这些被我委以重任的员工，大多数都做出了超乎我预期的业绩。

（中略）

人与人之间的信任是十分可贵的。也许，偶尔会因为相信别人而受骗，或者暂时吃了亏。即便如此，也要坦然面对，不要轻易改变自己的初衷。只要你坚持这么做了，别人反而不会轻易背叛你。要知道，无论谁背叛了信任自己的人，他都会因此而受到良心的谴责。

所以，我想说："人是值得信赖的"。

源自：《人生心得帖》

再没有比缺乏信任的工作方法，更没有效率的。

为了不让职场陷入尴尬的、令人窒息的氛围中，最好的办法是关注他人的长处，信赖他人。为了达到这个目的，我给大家介绍了"一页纸"实践法。

为了让大家更容易体验到这次工作的效果，我让大家勉强以排行第三讨厌的人为例进行了操作。

今后请大家一定以各种各样的人为对象来进行实践。

无论如何，不实际去做的话，就绝对不会体验到效果。与其他工作相比也许难度会稍高一些，但有了第1章和第2章的经验，相信你一定没有问题。请大家一定要挑战一下。

集思广益

▶ 一个人做什么事都会有局限性的

与他人的短处和令人讨厌的地方相比，我们要能够关注他人的长处。

不只对于自己，对他人也应采用"积极导向"的思维方式。接下来，给大家介绍的名言才会更加易于实践。

集思广益

这个究竟是什么意思呢？首先请大家阅读下面的文字。

> 集思广益的全员经营——这是我作为经营者始终如一的心得，实践中也是一以贯之的。经营中，越是能发挥全体员工的智慧，就越有利于公司的发展。
>
> 我之所以以集思广益为原则，是由于我自身并没有太多的知识和学问。因此，无论开展何种业务，势必都需要与大家商量，集中大家的智慧。可以说，这也是迫于需要。
>
> 不过我认为，即便是学识渊博、技艺精湛的人，这样

> 的"集思广益"也同样非常重要。如果做不到这一点，就无法取得真正的成功。
>
> 之所以这么说，是因为无论多么杰出的人，只要他是人，就不可能做到像神一样全知全能。他的智慧一定存在极限。因此，仅仅凭借自己有限的智慧开展经营，就会出现许多考虑不周之处，甚至是错误之处，其结果往往会导致失败。所以，就像常言所说的"三个臭皮匠赛过诸葛亮"那样，需要集中众人的智慧。
>
> 源自：《实践经营哲学》

这段话的意思如果只表达了"要听别人的话"，恐怕大部分人不会产生任何共鸣。

然而，这里也出现了"只要他是人，就不可能做到像神一样全知全能"这样的天地自然的法则，也就是通过"从理所当然的事情出发"这个过滤器进行过滤，多数读者就能理解其中的含义了。

在本书的第 1 章和第 2 章中，我们探讨了不被他人所左右的话题。正因为是自己能够控制的题目，因此易于实践，也容易长期坚持下去，这是其优点所在。

只是，任何事物都有两面性。

以自我为中心的缺点在于，只是一个人进行思考的话无论如何是有限的。

在第 2 章中，我们以"如何解决"工作中存在的问题为题进行了操作。大家还记得吗？

在那个时候我写道，当你无法顺利写出对策方案的时候，可以通过读书充实自己，或者与人交谈获得灵感。

特别是后者"与人交谈"的部分，相当于这里的"集思广益"，这次我就以这个题目为中心与大家一起探讨。

"集思广益"的实践① 请他人做"Excel1"

比如，假设你是一位手下有 10 名员工的课长，正在考虑"想要减少加班时间"这件事。

然而，以课长个人的水平，即使依靠书写"Excel1"整理思路，也无法想出一个像样的好方案。这个时候，你可以像第 3 章写的那样，要么求助于书本，要么与人商谈。

反正都要与人商谈，不如就直接问问苦于加班的当事人们，也就是员工们的意见。

这个时候，如果你的脑海中浮现出"即使问他们的意见……"这样想法的话，说明你还不能做到关注下属们的长处。

如此一来，你便无法信任他们、更不要说把工作托付于他们，最终的结果只能是凡事亲力亲为，身心疲惫。请大家一定要实践之前介绍的"一页纸"方法，来克服这个难以发现他人长处，难以信赖他人的障碍。

好了，现在作为课长的你准备召开一个碰头会，把10名下属召集到了会议室。那么一般情况下，面对这种情况你会如何推进会议的进程呢？请大家在继续往下读之前，先稍作思考一下。

（给大家一会儿时间，请大家在思考了如果自己是课长该怎么做之后，继续阅读下面的内容）

大家思考的怎么样了？

尽管是常有的事，但最差的方式恐怕是突然这样问道。

"那么谁先来说说自己能想到的方案？"

多数会议往往在领导发出这样一声之后，会场马上就会陷入沉默且尴尬的气氛，即使当初想要发言的人，看到这种情形反而也难以出声了。

如此一来，便与我们所说的"集思广益"相距甚远了。

"集思广益"的第一步，是营造一个让所有参加者都易于发言的氛围。

那么，如何才能营造这样的氛围？要点有以下3个。

1、不突然让大家发言

2、不让人单独发言

3、不让一部分声音大的人发言

以这三点为基础，接下来我给大家介绍"一页纸"会议术的做法。

作为会议的召集人首先需要向大家说明本次会议的目的，这里也就是"为了削减员工的加班时间而召集的会议"。然后用5分钟左右的时间，进行以下的操作。

让参加者全员书写"Excel1"

给大家发放复印纸，让大家从中间对折成A5大小。然后教给大家填写16个小框的"Excel1"的方法。

因为之前已经反复填写多次了，想必你应该能够充分给大家指导说明。

顺便说一下，由于近年来习惯在纸上书写的商务人士大幅减少，所以不能指望所有参加者都带着红绿蓝三色彩笔。你可以用所在公司的经费为全员买彩笔，如果困难的话用黑笔代替也可以。

题目定为"如何能够减少加班？"

然后，先给大家 3 分钟左右的时间，让大家写出关键词。写完后，提出 3 个问题，引导大家用圆圈、三角形、四边形圈出来。

第 1 个问题：（无论是否能够完成）实行后会有效果的是什么？

第 2 个问题：容易实行的、能够简单实行的是什么？

第 3 个问题：不只是自己，更容易得到同事们赞同的是什么？

由于不一定对所有的题目使用相同的提问方式，第 3 个问题是从第 2 章的问题变化而来的。这次是从"有效性""实现性""普及性"三个观点筛选出的优先顺序。

除此之外，还可以提以下这样的问题，"符合职场礼节的是什么？""节省成本的是什么？"这分别体现了"亲和性""经济性"的观点。

像这样，可作为问题切入点的观点还有很多。请大家在不断书写的过程中，逐渐结合自己的经验，制作出自己独有的问题集。

如此说来，大家一定会问"如何才能不断地积累问题的切入点？"我的回答也和以往相同。

第 3 章 改革与人交往的方式

我确实希望大家能通过自己的思考来找到答案,也就是说你可以以"有什么样的切入点"为题,追加书写"Excel1",从而找到问题的答案。

首先,请如实写出本书所介绍的观点,如果还有空栏请追加填写自己能想到的、独特的内容。填不满的话只需要返回到第 2 章介绍的"一页纸"学习法即可。

无论什么时候,不明白的话千万不要想要只在头脑中将其解决掉。

写出来,把它变成用眼睛可以看见的形式——"一页纸"来进行复原,让我们一起来养成这样的习惯吧。

"集思广益"的实践② 把大家的"Excel1"放到一起进行讨论

那么,我们将再次开始"一页纸"会议术的说明。到目前为止,我们已经解决了第一个要点"不要突然让大家发言"。

为什么不让大家发表意见?理由非常简单,那就是因为大家"事先并没有好好思考题目"。

也许很多人会说"这种事情理所当然应该开会前做"。然而,如果考虑到大家平时的工作都很忙,就应该知道很多时候，员工们很难有时间去整理事先思考的结果。这难道不是在工作中很常见的实际情况吗？

正因为如此，我们在会议的一开始应该给大家一个整理思路的时间。但时间也不用很长，5～10分钟左右就可以了，这个建议还是十分容易完成的吧。

那么，当员工们都完成"Excel1"之后应该做什么？也许有人认为这回该一个一个地发言了吧，但我认为还为时尚早。

正如第2个要点"不让大家单独发言"所说的那样，很多日本人不擅长单独发表个人见解。因此，我们需要再做一个缓冲工作。

将10名员工分为5人1组的两个小组（3个小组也可以）。

然后，每个小组指定一名书记。接下来，用10分钟左右的时间让每名成员发表自己总结的"3大加班时间削减方案"。告诉书记员事先再准备好一张有16个小框的"Excel1"。这样的话，只要在这上面将每名成员的发言记录下来就OK了。

接下来各位成员就可以开始发言了，很多情况下会出现一些相同的对策方案。这正说明了"英雄所见略同"，那么这些对策的优先顺序排名当然就会靠前。

也就是说，在这个程序中，书记员只需要听 5 名成员做发言并记录下来，就能够决定小组的"3 大加班削减方案"。这样的例子在实际中是常见的。

当然，如果这样还是无法决定，那么就请返回到问题的根本，通过"重复问题"这个做法进行归纳总结。

就这样，通过"小组总结"的方式，成员们就不用一个个地单独发言了。这不仅使那些不擅长在众人面前发言的人更容易表达自己的想法，对于那些平时就喜欢抱着双臂只听别人讲话的参加者来说，也能够轻易地发表自己的意见。

感觉 5 个人太多的话，也可以减少每个小组的人数。总之，请大家根据实际情况灵活调整，使会议得以顺利进行。

"集思广益"的实践③　通过全员发表建议自然得出"结论"

经过前面的这些步骤，终于到了全员发表建议的时间。

而到这个时候，会议只进行了 20 分钟左右，可以说是非常有效率了。在这个时候，已经汇集了每个小组各自的 3 个方案，也就是共计 6 个削减加班时间的方案了。因此，在全体发言这个过程中，只需要让书记员把每个小组得出的结论发表一下就 OK 了。

这里的要领也是"拿出纸来进行可视化操作"。但如果用A4纸写其他的成员会无法看到。那就让我们使用别的方法吧。也就是使用"白板"进行书写。

在白板上书写"Excel1",只要将每个小组的"3大加班时间削减方案"写出来即可。这次共计有6个,因此使用8个小框就够了。

接下来就到了"一页纸"会议术的高潮阶段,与按小组集思广益时相同,很多情况下,会出现两个小组的有些对策方案非常相似。

这样一来,当第2个小组断然说出与第1个小组相似的对策方案的一瞬间,会场的气氛就会发生变化。说是一体感也不为过,在会场中就会形成"确实如此,我们今后要实行这个对策"的共同意见。

这就是"众人的智慧"以可视化的形式得出结果的瞬间。

正因为之前通过"个别→各小组→全体"这样的步骤将全体成员的意见反映并且集中到一起,才会出现这样的整体氛围。

由于明确了10名成员都感到重要的对策方案是什么,因此甚至不用进行整体讨论,在写出来的那一刻就能够"达成

第3章 改革与人交往的方式

共识"。而且只用了 30 分钟左右的时间。

相反,如果不经过这样的过程突然征集大家的发言,整个会场就会变成那些说话声音大的人的天下,呈现出一边倒式的发言结果。

这样一来,会场就变成了身为课长的你和那些说话声音大的少数人讨论的场所,而其他人只能作为旁观者静观其变。如此这般,不但失去了召集大家一起开会的意义,员工之间也难以形成共识。紧接着再由课长单方面得出结论并且强行推行的对策,很有可能会难以实施。

为了解决第 3 个要点"不只让一部分声音大的人发言",请大家尝试一下这次介绍的方法。

通过这个方法,我们所得出的并不是只代表一部分人意见的"偏见",而是像"众智"所写的那般,是汇集众人的智慧。

以上给大家介绍的就是根据"一页纸"会议术进行的"集思广益"实践法。这仅仅是其中的一个例子,实际上还可以考虑各种各样的情境变化。

例如,如果参加会议的人数少于 5 人,那么可以省去按小组发表意见的程序。

相反,在参加者超过 100 名的大型会议的情况下,按小组发表意见的程序分几次实施可能就会比较好。但如果考虑到那样太浪费时间,就有必要将个别整理思路的程序放到会议之前来做。

请大家参考本次介绍的程序,根据各自在职场的情况灵活地加以运用。

无论何时何地,让对方产生令人厌烦的"纠缠"

▶ 应该如何与顾客打交道?

到目前为止,我以"与周围人进行交流"为题,按照首先"如何看到对方的长处",然后"如何集思广益"的顺序为大家进行了介绍。

最后第3个,我准备给大家介绍的是作为商业活动根本的"与顾客打交道的方法"。

首先,请大家阅读下面这段松下幸之助以非常独特的表达方式所展现的名言。

> 每到结婚旺季,很多家有闺女的父母,心情就会变得十分复杂。把自己千辛万苦带大的女儿嫁到婆家,虽然心中有万分不舍,但为了女儿的幸福,又不得不这么做。此时父母的心中,一定是依依不舍之情与祈祷女儿永远幸福之心相互交织在一起,再加上与亲家结缘的喜悦,真可谓是感慨万千。

即便在女儿出嫁之后,做父母的也不能完全放心,他们会时常在心中挂念着:"不知婆家人对我们的女儿是否满意?""女儿生活得如何?有没有成为一个称职的媳妇?"真是可怜天下父母心。

作为经营者的心情,就和刚刚嫁了女儿的父母一样,平时销售的那些商品,就好比是我们千辛万苦养大的女儿。因此,把商品卖给顾客的心情和把自己的女儿嫁出去是一样的。买我们商品的那些客户,就像是我们的亲家一样,心爱的女儿嫁到的地方就是我们的客户。

这么一想,即使是已经卖出的商品,也应时常挂在心上:

"不知上次那个产品,顾客到底用得怎么样?""不会发生什么故障吧?"我们甚至会上门亲切地询问:"正好路过您这里,来看看上次您买的商品用得怎么样?"那种心情,就和想去女儿家看看她到底过得如何是一模一样的。

这么一来,我们与顾客之间也会结下深厚的信赖情谊,远远超越一般的买卖关系。你如此深受顾客信赖与喜爱,还怕生意不会兴隆吗?

第 3 章 改革与人交往的方式

> 所以，你应该重新去思考，是否在销售商品的时候，把商品当作自己的女儿，把顾客当作自己的亲家来进行着每天的经营活动。
>
> 源自：《经营心得帖》

我认为，这是一段读起来非常新奇的，容易被记住的文字。

只是，这其中也蕴含着我经常想让大家抓住的本质问题，也就是从"自然的规律"出发。

在上面的文章中，松下首先列举了"女儿结婚时父母的心情"这个谁都可以想象到的，容易产生共鸣的例子。在确认了"什么是理所当然的"基础上，再试着将其应用于经营。这样一来，从自己的口中不就可以说出这样的话了吗，在这样的逻辑下组织话题。

这段话所要传递的信息本身，虽然是"要重视与客户之间的关系"，但是尽可能地从这个自明之理——简单的内容出发，去进行解释和说明，这种思维方式是非常重要的。

我认为大肆宣扬令人难以理解的专业术语、炫耀自己知识量的行为，并不是真正的知性态度。至少可以明确地说，这不是属于实践性的知识。

如果你想要获得能够应用在实际工作的知识和见解，请一定通过这次的读书活动将松下幸之助的这种知性态度牢牢地记到自己的脑海中。

让我再来给大家介绍一段与客户、社会的"无形的契约"相关的话。

> 如何才能做到保证产品既不会出现过多库存，也不会出现供不应求的情况，也就是实现生产销售都刚刚好呢？这确实是一个难题。对此，我是这么认为的。
>
> 确实，这里既没有预约式订单，也没有其他形式的契约。不过，生产者与购买自己产品的社会消费者之间，存在着一种看不见的无形契约。这种契约以社会消费者可以随时随地买到生产者的产品为前提。消费者的这一诉求或者需求可以解释为一种无形的契约。由此，生产者和销售者就必须拥有随时都要根据消费者的希望提供产品的责任感。
>
> 因此，企业扩大生产和销售，增添设备，开设新厂，并不是盲目的行为。尽管并没有接到任何的预约式订单，但他们的行为却可以解释为将更多消费者对某一产品的需求当作一种预约式订单，进而本着与真正签下生产销售订单完全一样的心态，站在责任感的高度之上，为履行这一

> 订单而努力。如果上述解释能够成立，一种坚定的信念就会自然涌现，强大的经营力量也会应运而生。
>
> 我始终如一地坚持这样的信念，在经营活动中不断探索自己所理解的无形的契约。通过这样的探索，在最初的3000万日元，之后的5亿日元，进而100亿日元、1000亿日元的经营业绩增长过程中，总能实现既无不足，也无剩余的供给目标。
>
> 源自：《经营心得帖》

与刚才的文章不同，松下在这里话锋一转，谈起了一个非常宏大的话题。

本书并不想谈及如这般规模的话题。

我们暂且将其理解为顾客的需求，正因为有了需要才会做出经营的判断。而顾客的需求在很多情况下正是"无形"的、是用眼睛看不到的。

为了把握顾客的这种无形的需求，松下说我们必须要时刻保持很强的服务意识。

以上3个要点只要大家能够理解就足够了。在此基础上，针对大家"如何做才能时刻意识到顾客这种无形的需求"这个问题。接下来，我将引用松下其他的名言来进行解说。

下面，我给大家介绍的是用"一页纸"实践法想要直接用到的词语。

> 孩子会缠着父母，有时父母会感到不耐烦。不过，就算父母被缠得吃不消，也会觉得这是一种幸福。因为孩子是可爱的。
>
> 要是我们自己生产出产品后扔在一边，销售出商品后不管不顾，做完一件工作后不问结果，多少会让我们心存愧疚。这对于社会也好，工作也好，都是一种不负责任的态度。因此，如果我们对于生产、销售以及自己的工作都抱有认真、诚实、热心的态度，就必须对自己生产的产品、销售的商品和从事的工作的走向倍加关注。
>
> 不仅仅是关注，无论何时何地都要围绕着自己的这些成果转。自己的成果要是被装进了厨房，就走进去瞧瞧；被装上了座椅，就坐上去体验；被卖到了国外，就追到国外去看看。无论它们去了哪里，都要纠缠不放，哪怕令人生厌。使用的情况怎么样？运转是否正常？是否存在不方便的地方？有没有故障？
>
> 就算有时会让人心生厌烦，但为工作成绩着想，这样

第3章 改革与人交往的方式

> 的认真、这样的诚意也是可喜的、宝贵的。
>
> 　希望每个人都能以这样的态度去生产，去销售，去拼命地工作。
>
> 源自：《道路无限宽广》

在向大家解释这段话的内容之前，请允许我说一些题外话。

其实，这个关于"纠缠"的话题，是经过了非常不可议的缘由，才被写到了这里。

实际上，在本书的初稿形成的过程中，有一部分内容是完全空着的，也就是现在读者们正在阅读的这部分。

"怎么写才好呢""以哪条名言为出发点呢"，我冥思苦想多日，也找不到令人满意的答案。

为了转换心情，我来到位于东京新宿的伊国屋书店。那段时间，我几乎每次外出时都要戴着耳机听语音版的《道路无限宽广》，进到书店之后也一边放着语音，一边在店里溜达。

在3层的商业类书籍的书架前，我打算看看有没有什么可以获得灵感的好书，正当我站在那里漫无目的地翻看时，我看到了纸质版的《道路无限宽广》这本书。

我打开了这本书随手翻到了一页……

这时有个页面标题一下子映入我的眼帘。

也正是在那一瞬间,我从有声书中听到了与页面标题完全一样的词语。

那个词正是"纠缠"。

也就是说,偶然间我在那个时间、那个地点,听到了与偶然翻开的页面标题相一致的声音。这真是一个奇迹的瞬间。

"这个偶然的一致,有什么特殊的意义呢?"

在我那样想着的时候,答案自然就出来了。

填补本书空白的必要的词语,正是"纠缠"。就好像有一股看不见的力量在推动本书的进程一样,经过这个不可思议的过程,我完成了本书的这个空白部分。

"纠缠"的实践① 写出顾客的"名字"

那么,我们就开始谈谈这个"纠缠"吧。

如纠缠般地关心顾客,倾听顾客的心声,满足顾客的需求。

换句话说,也就是"顾客至上"。但如果我那样写,就会变质为一个不会产生任何反响的、不会被任何人关注的、陈腐的词汇。

想必大部分读者的第一反应是"现在还提那种老生常谈……"我希望那样认为的读者，更要认真填写接下来要介绍的"一页纸"。

那么，就请大家赶快拿出绿色笔开始书写32个小框的"Excel1"吧。

题目是"你的顾客是谁？"写上日期和题目后，请用蓝色笔写出你的顾客的名字。时间几分钟就够了。

当你的顾客人数超过31人时，只要把所有小框填满就可以算是完成了，如果你的顾客数不到31人，只要将所有人员写出来，哪怕没有填满小框，还没有到规定的时间也是可以的。

（3分钟左右，写完后请继续阅读下面的内容）

接下来，将进入到用红色笔完成的程序。在这之前请让我问大家一个希望大家注意到的、非常重要的问题。

"大家都用汉字正确地写出所有顾客的全名了吗？"

先前大家用蓝色笔写出的名字，由于时间有限想必都是写了个大概。要么只写了名字没有写姓，要么只写出了姓氏，应该没有完整且正确地写出所有顾客的全名。

从现在开始再给大家几分钟的时间,请大家用红色笔重新认真地、正确地写出每个顾客的名字(在原来所写的基础上重新加工也没有问题)。

此外,如果你不知道顾客正确的名字或者名字的汉字写法,请在小框中打上 × 标记(见图3-5)。

20XX.4.XX 你的顾客是谁?	用全名写出来		
安藤〇〇 ~~安藤先生~~	小林先生		
佐藤〇〇 ~~佐藤先生~~	〇〇先生		
山田〇〇 ~~山田先生~~	△△先生		
~~田中先生~~	××先生		
~~野村先生~~			
渡边先生			
山本先生			

图3-5 写出顾客的名字

第3章 改革与人交往的方式

（5分钟左右，请实际重新书写完成或者打好×标记后，继续阅读下面的内容）

尽管异口同声地说着"顾客至上"，但细分的话会发现所谓的"顾客至上"有着各种各样不同的阶段。

但是，如果从本书一再强调的思考方法，也就是"经常从理所当然的、根本的地方出发"的话，"正确地记住重要人的名字"这件事难道不是很自然的吗？

正因为如此，"顾客至上"的实践步骤之一，就是想让大家从"正确书写顾客姓名"开始。

大家试着去做了之后感觉如何？

我猜想几乎没有人能够正确地写出所有顾客的完整姓名。

那些完整写出所有顾客姓名的人，看到现在我说的话后应该会想，"几乎没有？连这种最基本的事情都不能做到的人难道占大多数吗？"

但实际上就是这样。

事实上工作能力上的差别，正是取决于像这样基本的事情能够理所当然地做到何种程度。

正因为如此，越是无法顺利写出顾客姓名的人，越希望你们绝对不要敷衍这项工作。请大家正视自己写不出姓名的这个事实，并利用此次机会试着回顾一下自己与顾客打交道的方法。

"纠缠"的实践② 对顾客表示关心

那么，大家都是怎么回顾与顾客的交往呢？

让我们再次书写"一页纸"吧。

请大家制作32个小框的"Excel1"，题目选择刚才没有正确写出其名字的一位顾客，并写下他的名字。

假设这个人叫A，那么请写下"与A？"

然后，请试着写出你所能想到的、与A相关的所有关键词。年龄、出生地、家庭成员、性格、生日、兴趣等，有很多可以填满小框的内容。请大家用这些详细的信息不断地将小框填满。

给大家几分钟时间，那么请开始吧（见图3-6）。

（3分钟左右，请写完后继续阅读下面的内容）

大家都写出来很多了吗？

如果你连一半的小框都没有填满，这就是"顾客至上"实践步骤的第二步。

第 3 章　改革与人交往的方式

20XX.4.XX A 先生是谁?	三月份出生	喜欢旅行	
３５岁	喜欢户外运动	大学在京都上的	
出生在神奈川	喜欢打保龄球	以前是网球社团的	
老家在横滨	工作认真	会说英文	
有个哥哥	喜欢酒会	很意外居然是个热爱运动的人	
大度	喜欢读书	有两个下属	
温和	喜欢收集眼镜	电子邮件回信很快	填满小框的数 =对A的关心
有时候说话刻薄	有孩子		

图 3-6　A 先生是谁?

也就是，能够更加顺利地将信息填入到空栏内般地"关心顾客"。如果你关心顾客，和顾客保持着密切联系，应该能简单地写出 30 个左右，这是一件很自然的事情。

此外，"你使用 64 个小框也不够"，如果你的脑海里能浮现出这么多可写的关键词，那就说明你对你的顾客"显示出了足够的关心"，难道不是这样吗？

为了从明天开始，你能够将现在所写的"Excel1"中的空白部分全部填满，请与你的顾客进行深入交流吧。这并不是漫不经心地与顾客打交道，而是需要脑海中浮现出这张"一页纸"，一边想着"有没有什么新的信息能够填入小框"，一边与顾客交谈。

也许在旁人看来，你与顾客的交往与以前没有任何的变化，但作为当事人的你，却应该能感受到有所不同。

"实践'关心顾客'原来是这种感觉！"，有的学员甚至有生以来第一次体验到这种感觉。

在和对方多次见面并且进行各种各样的交谈之后，请大家再试着重新书写相同题目的"Excel1"。这个时候，写出关键词的数量应该比当初有所增加。

让我们将"关心顾客"这个商业人士所必备的心态，通过书写"一页纸"转化为能够看得见的具体行动吧。

"纠缠"的实践③　发现顾客的困扰

经过前面两个过程，我们终于来到了实践的第三个步骤。

也就是关心顾客的时候，最终目的是了解"顾客正在困扰什么""正在期望什么"。

为什么这么说，想必各位都已经明白了。

所有的工作都是"为了生成发展做出贡献"。

再和大家确认一下，本章的"一页纸"实践，是为了促进解决顾客的问题、达成顾客的愿望，以及推动顾客的成长和发展。

下面就请大家以"A 感到困扰的事情是什么？"为题，来填写 64 个小框的"Excel1"（见图 3-7）。

希望大家认真地完成这张 64 个小框的"一页纸"。

时间再怎么延长最多就 15 分钟左右。再长的话，恐怕大家就无法集中注意力了，到时间后请大家自觉停止填写。

从现在开始的几分钟时间，请大家最多写出 63 个"A 的烦恼"。

（10 分钟左右，请填写完毕后继续阅读后面的内容）

有这么多小框的话，确实可以写很多非常琐碎的、又非常相似的事情。估计其中也会出现一些，在自己的工作范围内无能为力的事情。

20XX.4.XX A的烦恼之事是什么?	想要培养下属	……	……	……	……	……	……
人手不足	想要出人头地	……	……	……	……	……	……
没有时间	想重新学习	……	……	……	……	……	……
想和孩子玩耍	想去旅行	……	……	……	……	……	……
想加强运动	○○	……	……	……	……	……	××
想喝酒	△△	……	……	……	……	……	△△
想买书	××	……	……	……	这次把63个小框都填满		○○
想买眼镜	……	……	……	……	……	……	想早起

图 3-7 A 感到困扰的事情是什么?

即便如此,还是希望大家能多写,只有写出来才会发现要点所在。

很小的事情,只有本人才知道的事情,有时甚至连本人都不知道的细小的困扰之事,如果你能觉察到请把它们都写

第 3 章 改革与人交往的方式

出来。

这样的话对那位顾客来说,你才是一个不可替代的重要的存在。

正因为如此,我才会希望你不要认为"写那么多是不可能的",不要放弃,本着能填满多少是多少的决心,去"纠缠"你的顾客。

如果你对顾客的烦恼一无所知,那么请马上与你的顾客预约见面。直接与顾客见面,去询问顾客所面临的烦恼。如果直接询问不方便,也可以先回到实践②的"关心顾客"步骤,从无关紧要的杂谈开始。

如果在实践②阶段无法记住对方的详细信息,那么也就不能接触到那些琐碎的、细微的顾客的烦恼之事,以及烦恼背后的缘由。

以上就是我通过使用"一页纸"给大家提出的,尽量从本质出发,改善与顾客之间交往方式的方法和建议。

和以前一样,也是没有什么技术含量的、非常简单的方法,其背景中包括迄今为止为大家介绍的众多名言。以及其骨子里流淌的简单而又深远的世界观。

以此为基础进行实践,即使是非常简单的操作,从中学到的东西也才是非常有意义的。

我经常会和学员们讲这样一个比方。

无论是业余棒球选手还是职业棒球选手，他们都需要去做"投球"以及"挥拍"等动作，所以从大方面来看他们做的事情没有太大的差别。

即便如此，他们所做动作的质量和结果也会完全不同，这是因为他们所处的环境不同，接触到的世界观的深度不同。

通过松下幸之助这个"过滤器"，希望大家能从中找到这些行动的巨大价值和意义，成为一个真正去实践的商业人士。

明知国王会生气也必须要进苦言

▶必须要有"不能让步的东西"

最后,我不给大家介绍秘诀,而是从保持平衡的角度给大家介绍一个话题,作为本章的总结。

首先,请大家来阅读下面这段话。

> 昭和26年(1951年),我第一次去欧洲访问。某大公司的社长对我说了这样一席话:
>
> "松下先生,在我看来,消费者是国王,而我们就是为国王服务的仆人。所以,无论国王提出什么不合理的要求,我们都要听从,这是我们应尽的责任,也是我们的工作方针。"
>
> 最近在日本,也开始流行"消费者就是上帝"的说法,但在多年前,我第一次听到上述内容的时候,感到很新鲜,也觉得很有道理。我甚至感叹这是一个非常彻底的思考方法。
>
> 然而在赞成的同时,我也有点担忧。自古以来,国王

> 都是以自我为中心，不太考虑民众的利益，结果臣民渐渐丧失了劳动意愿，陷入了贫困的境地，最后国家灭亡了，国王也被赶下了台，这样的例子不在少数。
>
> 　　不管是否合理，任何事都按国王的吩咐去做，看上去是忠臣的行为，实际却是害了国王。所以在我看来，能冒着惹怒国王的危险，经常向国王提出谏言的人，才是真心对国王好，是真正的忠臣。
>
> 　　最近的社会风气是越来越重视消费者的利益了，这是一件大好事，但也请大家再次深思一下"消费者就是国王"这句话的含义。我认为我们还是应努力成为明君与忠臣，只有这样我们的国家与社会才能实现真正的繁荣。
>
> 　　　　　　　　　　　　　源自：《经营心得帖》

　　如果我就以以上的话题结束第3章的内容，也许会出现一些走极端的人。

　　在"顾客就是上帝"这条金科玉律下，他们似乎想要打着"克己奉公""自我牺牲""服从、隶属"这类的旗号，去过度地询问顾客的需求，而这是我最不愿意看到的。我们并不是顾客这个上帝的"奴隶"。

　　而应该做上帝的"忠臣"。

"奴隶"只会简单地说："是的陛下"，与之相比，"忠臣"还会向国王进谏言。

通过使用"忠臣"这个词语，将这样微妙的语义精确地表达了出来，大家觉得怎么样呢？

一方面，"不要成为顾客的奴隶"这句话被广为流传。

而另一方面，针对"那么应该如何去做"这个反问，我们却难以听到一个被普遍接受的答案。

近些年来，"怪兽顾客"之类的词语逐渐流行起来，一些恶意投诉者以及做出超出常识行为的顾客日益增多。

究竟为什么这样的顾客会越来越多，针对这个问题，刚才介绍的松下的名言似乎给出了暗示。

顾客这个"国王"之所以会被妖魔化，是因为本应以"忠臣"姿态与之交往的企业却总是以"奴隶"的姿态接待顾客。

这样理解的话，就应该能够得到从一般论那里无法获得的新鲜的看法。虽说这种说法是否正确要视具体情况具体分析，但至少如果你不知道"忠臣"这个关键词，就不会产生这样的想法。

另外，这段话与序言中介绍的商业类书籍的潮流也有关系。

面对读者这个"国王"的要求,像"奴隶"那样顺从的结果是,"图解版、故事版、漫画版商业类书籍"的泛滥。

如果真是为了"国王"着想,即使被敬而远之也应该不断向读者们进言"行动优先"的重要性。至少作为我来讲,会尽自己最大的可能通过众多的写作活动,努力成为为读者们着想的好"忠臣"。

我再来给大家介绍一段与"打折——这个顾客的心声"相关的话语。

> 为使经营活动取得成功,必须拥有强大的说服力。
>
> 假设有位顾客到你的店里嚷嚷说:"你们店的价格太贵了!同样的东西,别的店便宜15%,你们店却只便宜10%,真是岂有此理!"你会怎么做呢?要是你也降价15%,店铺就有可能会关门,因此不能那样做。但如果只是简单地说句"不能再便宜了",那顾客就会跑到别人那里去买。
>
> 因此,首先需要说服这位顾客:"这个价格是维持本店生计的最低价格了。要是再便宜的话,本店就会亏本,我们就将一无所有。所以,只能请您按照这个价格购买

第 3 章 改革与人交往的方式

> 了。不过请您放心，包括售后在内，我们一定会提供全方位的服务。"能否把产品卖出去，就看你是否能用自己的语言，准确地向对方表达出上述意思。
>
> （中略）
>
> 只要将这样的道理用符合自己特点的语言去说服消费者，我想消费者中十人有九人会产生共鸣。这是由人情决定的。
>
> 假如你无法说服对方，也就是无法让对方产生共鸣，说得再苛刻些，这是缺乏做买卖的资格的表现。这样做，最终损害了自己，也不利于别人。
>
> 今天，是时候以这种苛刻的眼光来审视我们自身了。
>
> 源自：《经营心得帖》

不仅仅是倾听顾客的声音然后去满足他们的要求，有些时候我们也需要这样的强势。那么，究竟怎么做，才能像一根贯穿首尾的轴那样，形成我们自身始终如一的工作方法呢？

如果我们把话题集中在价格方面虽然易于理解，但另一方面也会使内容有所局限，接下来我再给大家介绍一个适用于更广范围的关键词。

说实话，我自己也并不是从创业伊始，就拥有明确的经营理念的。最初，只有我、妻子还有妻弟三人，可谓是为了糊口，才以不起眼的姿态开始创业的。那时在我们的头脑中，没有一丁点儿关于经营理念的意识。当然，既然是经商，我们多少也会思考一些诸如如何才能成功之类的问题。不过，我们的想法都是建立在当时社会的普遍认识或者说经商的一般共识基础之上的，如"一定要生产出好产品""一定要不断学习""一定要善待顾客""一定要感谢供货商"等，并为此拼命工作。

正是因为有了这种谦卑的姿态，事业取得了一定发展，员工人数也逐渐增多。此时，我开始感到，这种大众化的思维模式行不通了。

也就是说，这种经商的一般性理念，以及社会普遍的价值观固然非常出色、非常重要。但除此之外，一定存在一种能告诉我们经商目的、被称为"生产者的使命"的更加高深的东西。

于是，我把自己对于这种使命的理解向员工做了阐述。之后，将其作为公司经营的基本方针在运营中加以推行。

那还是昭和7年（1932年）的事。由于拥有了一条

第3章 改革与人交往的方式

> 明确的经营理念，较之以往，我自身的信念也变得异常牢固，无论是对员工，还是客户，实现了强有力的公司经营，该说的就说，该干的就干。而员工们在听了我的阐述后也群情激昂，公司的所有人也都在使命的感召下积极投身事业。用一句话说，达到了一种给经营注入了灵魂般的状态。也正是从那时起，公司的业务取得了飞速发展，连我本人都深感震惊。
>
> 源自：《实践经营哲学》

为了不成为"国王"的奴隶，"拥有不能让步的东西"是十分必要的。

其中具有代表性的就是，公司的经营理念。

关于"如何建立公司的理念"这样的话题，实在是难以用一本书讲透，或者说这是用文字无法表达的领域，在这里权当以"公司已经有了理念"为前提与大家进行探讨。

正是由于顺应理念去工作，才能做出强有力的判断。有时候，还会产生能够大胆向顾客进言的意愿，"这个难道有错吗？"

而做出这些举动的基础和依据正是理念，不知大家是否能够领会这个道理，这对于在与顾客打交道的过程中保持平衡状态是非常重要的。

▶ 用"一页纸"掌握公司的经营理念

接下来,我们就来开始书写第 3 章最后的"一页纸"。

请大家制作 16 个小框的"Excel1"。

题目就是"你所在公司(组织的)理念是什么?"。

给大家几分钟的时间,请你用关键词写出自己公司的理念。

如果有人不能马上理解"理念"一词的含义,那么写出"社训""纲领""愿景""使命"也是可以的。

虽然说法各不相同,但只要写出公司最为重视的价值观或思维方式的关键词就可以了。

(3 分钟左右,请大家实际填写完成后继续阅读后面的内容)

大家都顺利写出来了吗?

如果你无法顺利写出全文,那么请先以关键词为单位写出公司理念开始。

然后,通过查阅公司网站等确认公司理念的全文内容,如果有落掉的关键词,再用红笔追加填写在空白的小框内。

接下来请你以哪怕每天一次的频率,重新看自己所写的"Excel1"。这样坚持 3 天、3 周之后,就能够逐渐记住。

第3章 改革与人交往的方式

实践的要领在于，"不背诵理念全文"。

尤其是公司理念内容很多的时候，请以关键词为单位进行背诵。

使用重要的关键词，在一定程度下通过自己的语言将原文再现出来。这样才能够将理念真正变成"自己的东西"，理念也才会逐渐变成身边熟悉的事物。

此外，如果你是公司的经营者，那么请你尽量将公司的理念撰写得简洁明了一些。

为了便于参考，下面我给大家介绍一下我所创建的"一页纸"Works 株式会社的经营理念。

用"一页纸"让自力和自信熠熠生辉

这句话是我们每天工作的依据所在。

像这样，用 5·7·5 形式的俳句㊀来表达公司理念的方式，不但顺口押韵易于记忆，而且还蕴含了非常深厚的语境，所以诚意向大家推荐。

用"一页纸"将理念落实到自己的判断标准的方法。请大家一边体味前面所介绍的内容，一边让自己在日常工作中受益于这种方法吧。

㊀ 俳句，是日本的一种古典短符，由"五·七·五"，共十七字音组成；以三句十七音为一首，首句五音，次句七音，末句五音。

第4章

最重要的关键词

在本书最后一章中,我们终于等到了与松下幸之助留下的最重要的"词语"相遇的机会。

迄今为止,我们所学习的所有内容,都是为了达到这个词语所表达的境界的准备阶段,这样说一点也不为过。

接下来,我就为大家介绍。

为了将松下幸之助的世界观植入到自身工作方法中,最重要的关键词,那就是……

素直之心

▶ "素直"——松下幸之助最珍贵的话语

首先,我想给大家介绍"素直"这个词语。

> 经营者推进业务的必备心态有很多,其中最为根本,同时被我自己一直信奉并实践的,是拥有一颗素直之心。经营者只有拥有素直之心,前文所阐述的所有经营之道才能变得平坦宽广,而缺乏素直之心的经营则不可能实现长久发展。
>
> 素直之心,换句话说,就是没有束缚之心,即不被自己的利害、情感、先入观所束缚的如实看待事物之心。人心若有束缚,就看不清事物的本质。这就如同透过带颜色的,或者曲面的镜片看东西。如果镜片的颜色是红色的,那白纸也会被看成是红色的;如果镜片是曲面的,笔直的棍子也会被看成是弯曲的。这样一来,事物的真相或者真实的形态就无法被准确把握。因此,若以束缚之心来对待事物,不容易做出准确的判断,采取正确的行动。

第4章 最重要的关键词

> 与之相对的,所谓"素直之心",就是看东西时心中没有这些颜色或者曲面的镜片,白色的就是白色的,笔直的就是笔直的,所有东西都能呈现出它们原本的形态,事物的真相或真实形态就得以准确把握。如果以此种心态待物行事,无论遇到任何情况,都可以少走弯路。
>
> 经营之中,只有顺应天地自然之理,倾听世间大众之声,广集内部员工之智,做该做之事,才能够取得成功。从这个意义上讲,经营并非难事。不过,为了使这一切成为可能,经营者需要拥有一颗素直之心。
>
> 源自:《实践经营哲学》

实际上,自本书一开始,我就使用了好几次"素直"这个词语。

而且我特意将这个词语用引号括起来以示强调。

如果你曾经想过"为什么每次'素直'这个词语都被括在引号里"的话,这正是你读书细致的表现。

我之所以将其用引号括起来加以强调的理由是,如果你无法做到拥有一颗素直之心,那么就很难将本书所学的东西付诸实践。

让我们把最后这部分，再次抽出来看一看。

经营之中，只有顺应天地自然之理，倾听世间大众之声，广集内部员工之智，做该做之事，才能够取得成功。从这个意义上讲，经营并非难事。不过，为了使这一切成为可能，经营者需要拥有一颗素直之心。

本书内容可以凝缩为三段文字，接下来我想把重点放在最后一段文字上。就像松下幸之助所说的那样，只有拥有了"素直之心"，前面所阐述的内容才会真正发挥作用。

比如，关于第1章的"积极导向"，事实上在向几位学员教授这种思维方式的时候，曾经发生过以下这样的事情。

有一位学员像我教的那样如实填写了"Excel1"。

然而，当我看别的学员时，发现他们画线的顺序与我教的流程不一样。

接下来，在用蓝色笔写出关键词的程序中，尽管我告诉大家"请从上往下写出来"，也还是会出现老老实实填写的人，和"从左往右"或者"随意"填写的人，也就是分成了认真按照我教的方法填写和不按照我所教的方法填写的两类人。

虽然我定的规则是"用蓝色笔写出关键词，然后用红色

第 4 章 最重要的关键词

笔总结",尽管有三种颜色的笔,但还是有人都用绿色笔填写或者使用蓝色笔与绿色笔交替填写。

虽然我告诉大家"在最左上方的小框内填上日期和题目",也还是会有人不写日期,或者有时候"因为自己心里明白"甚至连题目都不写就直接完成"Excel1"。

为什么有的学员不按照老师教的那样去做呢?

迄今为止,我所培训的学员超过 7000 名,以我的经验,之所以有的学员不能按照老师的要求去做,用一句简单的话来概括就是因为他们"缺乏一颗素直之心"。

如果他们能素直地,按照老师教的去做,明明会更容易掌握这些技巧。

为什么要故意选择困难的方法,把事情搞复杂,甚至陷入最终没有掌握老师所教方法的境地呢?

有一次,发生了一件具有代表性的事件。在听我讲座的学员中有一位 14 岁的女孩,与成年人一起听讲的这个女孩有这样一个优点。

与周围的成年人相比,这个女孩远远拥有一颗"素直之心"。

结果是,每次的工作她总是能够第一个完成。而在发表自己所做的"Excel1"时所说的内容最容易让人明白的也是她。而我们这些成年人，究竟从什么时候开始，失去了这样的"素直之心"呢？

为了慎重起见，我再补充一下，松下幸之助所说的"素直"，并不是一个"别人说什么你就做什么"这样简单的概念。即便如此，在这里举出的这位女孩的"素直"的例子，很好地表达出了这个概念中所蕴含的极端意思。

我再给大家介绍一段与"素直"有关的松下幸之助的话语。

通过之前的训练想必大家已经逐渐能够调整到这个频道上了，请大家一定仔细阅读下面的文章，加深对"素直"的理解。

逆境——这是上天赐予每个人宝贵的历练机会。能经受住逆境考验的人都是坚韧的。古代的许多圣贤都经历过逆境的磨炼，并以百折不挠的精神战胜了艰难险阻。

虽然逆境是人的一笔宝贵的财富，但也不能因此就企图一味追求逆境，认为缺乏逆境的人生就称不上完美，这也是一种偏见。

逆境固然宝贵，但顺境同样宝贵。重要的是，无论是

> 逆境还是顺境，我们都要在自己所处的境遇之中素直地生活，不忘谦逊之心。
>
> 　　如果失去素直，在逆境中就会妄自菲薄，在顺境中就会骄傲自大。先不要去问自己所处的是逆境还是顺境，这是那个时刻那个人被赋予的一段命运。只要在那样的命运中素直地生活就好了。
>
> 　　素直使人坚强、正直和聪慧。在逆境中保持素直且坚韧不拔的人，在顺境中素直地自我发展的人，尽管他们所走的道路不尽相同，却同样拥有坚强、正直和聪慧的品格。
>
> 　　让我们不被束缚，不矫揉造作，素直地走好自己的人生之路。
>
> 　　　　　　　　　　　　　源自：《道路无限宽广》

▶ 关键在于"中立"

　　读了松下幸之助的这段话后，也许有的读者会感到困惑。

　　接下来的内容将是本书中最为抽象的、最难以理解的地方。请大家集中最大的注意力继续读下去。

　　下面要探讨的是关于"积极导向"和"素直"的关系的问题。

请大家回想一下第 1 章的内容。

我们以"昨天发生的事"为题,填写了"Excel1",并训练大家通过积极导向的思维模式,去增加可以积极看待的事件数量。

假设我们用蓝色笔写出了 13 个关键词,其中用红色笔圈出了 4 个。

然后,我们重读了松下幸之助的名言,在将其世界观深深地烙印在自己的脑海中之后,又增加了一两件从积极方面去解释的事情——就是这样的实践方法。

说实话,这种实践方法属于"初级"水平。

在"中级"水平的实践中,只需要额外增加一个步骤。

具体来说,就是在完成所有工作后,希望大家能念叨念叨下面这段话。

"在发生的 13 件事情中,我能够从积极方面看待 4 件。通过阅读松下幸之助的名言后,又能够增加 2 件从积极方面看待的事情。这就是自己的现状,自己就是这样的人"。

念出声或心中默念都可以。希望大家能通过试着写在"一页纸"上,将发生的事实淡然地用言语表达出来。

这个新增加的操作,事实上并不是"积极导向"。

但也并不是"只能从积极方面解释了4件事情。自己真是完蛋了"这样的消极导向。

只是希望大家能够客观地看待自己,单纯地从事实出发去把握现状。

在本书中,将其称为"中立"状态

"积极导向"固然十分重要。

但还有比"积极导向"更为重要的东西。

它既不是积极的,也不是消极的,而是"中立的素直地、客观地看待事物的状态"。

▶"在纸上写出来"可以培育出中立 = 素直

我再介绍一个松下幸之助的名言。

题目是"自我观察"。

想必大家对此不太熟悉,如果能结合以前的语境来阅读,应该就能够充分理解了。

> 要想使自己的人生变得充实,必须要记得一件事情,即要了解自己,正确认识自己的特点、特长和优点。正确认识自己,就不会盲目自信,也不会轻易自卑,能够更好

地发挥自己的特点和长处。自然，离成功也就不远了。

（中略）

其实，想要"了解自己"并非易事。按理说，最了解自己的人应该非己莫属。但事实上，人们往往不是忽略了自己的优点，就是过分夸大自己的实力。

不过，不管有多难，我们都要努力地去认识自己。那么，怎么做才能正确认识自己呢？

要想认识自己，就要用和他人交往的态度从外部冷静地观察自己，换句话说，就是让自己的思维跳出自己的身体，用跳出身体的思维审视自己。我把这种方法称作"自我观察"，并经常建议周围的人也这么做。

当然，我们的思想并不可能真正离开自己的身体，这里只是打个比方，也就是让思维跳出自身的束缚和局限，客观地打量自己。这就是我所说的"自我观察"。这样做能够帮助我们更好、更准确地认识自己。

源自：《人生心得帖》

为了用素直的心，在中立的状态下认识自己，客观地看待问题是很有必要的。

第 4 章　最重要的关键词

　　松下幸之助使用了"自我观察"这个词语，还说"让我们的思想真正离开自己的身体"是不可能的，但如果是读过本书的读者，我认为你们是"可以的"。

　　是的！

　　让自己的思维跳出自己的身体，用跳出身体的思维审视自己。

　　也就是说：

　　试着在纸上写出来。

　　通过阅读本书，你已经填写了很多张"一页纸"。换个思维方式的话，可以说在你头脑中的信息，已经通过各种各样题目的"一页纸"被"倾吐了出去"。

　　通过制作"Excel1"，写出头脑中的信息，并倾吐出去。如果用再商业化一些的语言来说，就是进行了输出。通过这样的反复操作，大脑就会逐渐被"放空"。

　　事实上，这个暂时"放空自己"的状态，正是变成"中立状态"的前提条件。也就是说，如果将本书介绍的工作完整地做一遍，就等于完成了培养"素直之心"的事前准备工作。

　　然后，当我们用被放空的大脑，去重新审视书写完毕的"一页纸"时，"好像（思维被拿到身体外面）那样的心境，客观地审视自己",就会变得很容易了。

我们再把另一个关键词"是非善恶之前"作为"素直"的后续。请阅读下面的文字。

> 大自然中的山川和海洋,全部是被某种力量完整地造就出来的。而生存其间的各种生物,鸟类就是鸟类,犬类就是犬类,人类就是人类,也全部是根据不同的命运造就的。
>
> 这属于是非善恶之前的问题,超越好坏美丑的范畴,是命中注定的。在我们人类之中,就个体而言,每个人的命运都呈现出不同的轨迹。有的人生来嗓音悦耳;有的人精于计算;有的人心灵手巧;有的人呆滞笨拙;有的人身体强壮;有的人天生羸弱……这样说来,每个人的人生有多达90%的部分都是由所谓超越人的智慧的命运之力所决定的,剩下的10%才是被自己的智慧、才学所左右的。
>
> 这同样是属于是非善恶之前的问题。所以,顺境时不要得意扬扬,逆境时也不要失落沮丧,而是要平平淡淡、素直、谦虚地开拓出一条属于自己的道路。虽然每个人都有不同的想法,但有时也须试着保持如此心境。
>
> 源自:《道路无限宽广》

第 4 章 最重要的关键词

想必这段话的意思大家都能够理解。

相比"是"或者"善"这样的积极性事物,"是非善恶以前"更加重要。也就是说,首先要保持中立的态度。在此基础上,是积极地看待事物还是消极地看待事物,完全是你的自由。

在这里,存在着追求"素直"的意义。

中立＝素直的状态,也就是实现"自由"的状态。

既然积极看待事物或消极看待事物都无所谓,那么,不如幸福地、开开心心地过好每一天,我认为这才是更加素直的想法。

然而,正是由于很多人在不知不觉间养成了消极看待事物的习惯,我才会在本书的一开始建议大家"首先来练习积极导向"。

选择积极还是消极是你的自由。
希望大家都能够变成可以自由选择的"自由自在的自己"。

这是本书真正想要传达的观点。

事实上,"积极导向"的原理主义,其本身就是不自由的。

正如第 2 章的"计划、执行、反省"部分说明的那样,在反省这样的环境下，过度的积极思考反而会变成阻碍。

任何事情既可以是毒酒也可以是解药，都有正反两面。并不是因为是解药、是正面的，就是无条件正确的。

根据需要，能够自由往来于两极的中立状态。

这才是"素直"，只有通过"客观看待问题"培育起来的素直，才是这本书的最终目标。

▶ 实践"素直"之心

那么，接下来我将为大家介绍如何磨炼中立＝"素直"。

事实上，为了培养自己的"素直"，我们已经写了很多的"一页纸"。

通过在本书中大量书写"Excel1"，你的头脑中应该已经具备了相当多的输出。如果已经到了"倾倒得差不多了，写不出来什么了，感觉头脑已经被放空了"的状态，说明准备的就很充分了。

然后，请对迄今为止写好的所有"一页纸"进行刚才介绍过的"中级"水平操作。

这样做就很有可能充分培养出"素直"。

比如，在第2章的"生成发展"部分，我让大家以"为

第 4 章　最重要的关键词

什么要工作"为题书写了"一页纸"。对于那张"Excel1",也希望大家试着重新像下面这样念叨念叨。

"我能够写出 6 个工作的理由,其中我认为有 3 个,××和××和××特别重要"。

这样做的话,就好像在说别人的事情一样,将自己撇开。

这样客观看待问题的训练,对于培养自己的"素直"是很有效的。

或者,在"一日教养,一日休养"部分中,我们以"休息日一般做什么?怎么度过"为题,填写了"Excel1"。

对于这个,也请大家淡然地,试着这样说说:"自己对于××这个题目,写出了××这样的关键词"。

同时,"一页纸"训练,还让大家自检是否进行了与"对他人做出贡献"相关的学习。

结果是,有些读者"完全没有写出任何内容","即使写了学习,也不是为了别人,而都是为了自己",也许都是这种消极的理解。

那么,现在要关注的是,这样消极看待事物之前的阶段。

首先,我们要淡然地看待只是作为事实而写下的信息。在此基础上,是失落还是喜悦,用哪种方式看待事物是你的自由，这样的思维方式。

只是，为了获得这样的自由，无论如何有必要加入"首先要素直地看待问题"这个阶段作为缓冲。

▶ 客观看待所有的"一页纸"

上面的内容，大家都能够理解了吗？本书所追求的顶级目标，虽然有些朦胧与模糊，但基本上能理解了吧。那么，现在给大家布置最后一项工作，请对目前为止完成的所有"一页纸"做下面同样的事情。

"对于这个题目，我只写出了3个关键词。"

"这个题目我写出了不到15个。"

"这个题目的话，这里我想用红色笔圈出来。"

像这样，通过用语言表达出来这个步骤回顾你所写的"一页纸"就OK了。这会很好地帮你复习本书。

无论如何，关注是非善恶以前的，暂时不管是好的还是坏的，而是将其作为提高客观看待自己能力的训练来做。

话说迄今为止，我使用了好几次"客观看待事物"这个词语。

第4章 最重要的关键词

正如"观"和"视"这两个汉字所写的那样，如果不能"看见"是无法客观看待事物的。

那么，怎么做才能"让自己处于被看见"的状态呢？用物理的方法当然是用镜子，而要将思考和心理状态反映出来的话，还是"在纸上写出来"比较好。

无论是"素直""积极"或者"看人长处"，无论怎样为了要真正理解松下幸之助的世界观，我不知道还有什么比"在纸上写出来"更有效的方法了。

正因为如此，本书打出了"'一页纸'实践松下幸之助高效工作法"的口号，客观地看待自己，彻底而详细地为大家解说了掌握必要的思考方式的方法。

这并不是一个故弄玄虚的标题，因为我觉得没有比这个更容易的方法了。

再多说一句，在本书中所写的"一页纸"无论怎样都要落实到每一次的具体任务中，变成非常简单的操作。为什么这么说呢？是因为这种手法是以能够长期持续实践为前提的。

在理解了以上内容的基础上，我来给大家介绍最后的名言。

我曾经听说，围棋这东西，即便不拜师学艺，只要自己能坚持下1万盘，就可以达到初段水平。素直心灵的培养亦同此理。首先，抱定拥有一颗素直之心的强烈愿望，然后朝思暮想。也就是说，由于素直之心是伟大的、有效的、珍贵的东西，自己一定要拥有一颗素直之心，每天无论朝夕，在心中默念这样的话语是非常重要的。

　　像这样，要经常检讨，反省自己昨天、今天是否怀着一颗素直的心待人处事。再一次回顾自己的言行，想法是否具有偏见，是否故步自封，反省自己的言行是非常重要的。

　　不断反省日常言行的同时，还要回顾自己有没有站在不受束缚的广阔的视野下去判断事物，回顾自己在昨天的言行、今天所发生的事情中，有没有怀着一颗不被束缚的心待人处事，像这样一点一点地丰富自身素直之心的内涵是很重要的。坚持这样做一年、两年、三年，不出三十年的时间就能够达到素直的初段了。

　　达到了初段，可以说你已经拥有了一颗合格的素直之心。因此，除了特殊的场合之外，一般情况下，在这颗素直之心的指引下，我们就能够做到正确判断、正确行事了。

源自：《拥有一颗素直之心吧》

第 4 章　最重要的关键词

通过这次介绍的书写"一页纸"手法，究竟可以将 30 年缩短为多少年，我也不是很清楚。

只是，读者通过阅读本书后，至少应该充分理解了如何做，也就是怎样结合具体的行动来达到"素直的初段"。

既然连松下幸之助都说需要 30 年，我也想给读者们留出更为宽泛的时间范围。尽管如此，所做的事情却是一天一天、一页一页地积累起来的。

如果今后能和你一起，踏上"一页纸"的道路，没有什么能让作为本书作者的我更加高兴的事情了。

希望在未来，在日本各处，都能够看到每天理所当然地实践着松下幸之助留下的金玉良言的商业人士。

带着这样的期待，我要和读者们说再见了。

后记

本书所介绍的名言尽可能是从"心得帖系列"中引用的。

所谓"心得帖系列",是总结松下幸之助对人生、工作、经营的基本思想的 6 部作品。

虽然松下幸之助的著作数量非常庞大,但这 6 部书的每一部都结构紧凑、易于阅读。

通过阅读本书对松下幸之助产生兴趣的读者,我推荐大家先通读以下的书籍。

- 《工作心得帖》
- 《经营心得帖》
- 《社员心得帖》
- 《人生心得帖》
- 《实践经营哲学》
- 《经营要领价值千金》

除了上面介绍的书籍之外,我还介绍了以下 3 本著作中的名言。

- 《人生谈义》
- 《拥有一颗素直之心吧》
- 《道路无限宽广》

《人生谈义》是我在二十几岁阅读时，让我感受到"是这样啊，还有如此乐观地看待事物的方法啊"，从而深受感动的书籍。

《拥有一颗素直之心吧》收录了本书最后介绍的名言。最后一章的内容更是直截了当地反映了原书的标题。请大家一定要阅读一下。

还有我不用说大家都知道的《道路无限宽广》，在这里请让我斗胆给大家推荐这本书的语音版。

朗读者是人气配音演员大冢明夫先生。《怪医黑杰克》、《攻壳机动队》的巴特、《机动战士高达0083》中的贾图、史蒂文·席格的配音等都出自于他，大家可以用这个曾经听到过的美妙声音，来欣赏《道路无限宽广》。

由于可以获得从纸质书籍中得不到的新鲜感，已经读过纸质版书籍的人，请利用这个机会领略一下语音版的魅力。

说实话，这次想要创作本书的最初机缘，正是来源于通

后记

过有声书。时隔多年,再次细细品读的《道路无限宽广》这本书。

那之后,有幸从这本书的出版社 PHP 研究所收到了出版本书邀约。这对于从学生时代就是松下幸之助的铁杆粉丝的我来说,真是令人欣喜若狂的事情。在松下幸之助创办的 PHP 研究所出书,没有比这个更值得高兴的事情了。

只是,当初收到邀约的书名,和现在的书名完全不同。一开始,以邀约的书名试着开始撰写,结果写完前言后正文却怎么也写不下去了,只好停滞下来。

在停笔期间,我如饥似渴地阅读了和执笔的书名没有直接关系的有关松下幸之助的几部著作,过着想要逃离书稿写作的日子。

而打破这种山穷水尽状况的事情,发生在我读到了两位百万销量作家撰写的著作之后。

第一部是以《创造生存价值》系列等闻名的饭田史彦先生所写的《向松下幸之助学习人生论》。

另一部是以《犹太人大富翁的教导》系列等闻名的本田健先生所著的《打开命运之门——卓越的生存方法(松下幸之助)的教导》。

当我在同一个时段阅读这两本书时,我的内心突然涌出一句呐喊。

"啊,能写了!"

如果借用松下幸之助的话来说,这就是"灵感"的瞬间。我以"只用'一页纸'就能够实践松下幸之助的工作方法"为理念,用最快的速度做成了企划书。然后,将企划书用"一页纸"进行了归纳,提交给PHP研究所的责任编辑,提议他更改书名。

在那之后,实际上我只用了两周左右的时间就完成了书稿的撰写工作。文字就像沸腾的开水一样源源不断地往上涌。在灵感消失之前,一定要将它们付诸文字,在这种状态下,我不顾一切地忘我地创作着。

只是,到了书稿大致完成的时候企划书还未获得通过,本书还不知道是否能与读者见面。

不管怎样,实事求是地说,从丰田起家的我,刚刚三十几岁的我,还没有成为百万销量作家的我,也许没有资格去谈论松下幸之助。我感到这个企划书通过的概率,可能还没有一成的把握。

即便如此,也不能阻止我想要完成这本书的意志。

后记

这正是"是非善恶以前"。

怎样被对待暂且搁置一边,不管怎样,这次所写的内容对于读者来说,对于商业类书籍来说,甚至对于日本的整个商业环境来说,我确信是可以对他们的生成发展做出贡献的。

既然如此,将这些想法落实到文字上是我的责任,如果让这些想法就这样沉睡过去就是我对责任的放弃。无论如何,我都要写这本书,就这样,我遵从了心底"素直"的声音。

而当我将书稿交给 PHP 研究所之后,才发现原来他们也有以"实践松下幸之助"为理念出版新书的需求。再加之,今年(2018 年)是松下电器创业 100 周年纪念,在这样的缘分重合下,我所写的书让编辑们感觉"正中下怀",从而加速了本书的出版发行工作。

自己心中涌现的创意,以这样的形式终于结出了真正的果实。直到现在,有时候我还有"这是不是一场梦"的感觉,在这样不可思议的机缘下本书诞生了。

只是,即使出版的经过非常的不可思议,有一件事情却是可以证实的。

这就是单凭我个人的力量,是无论如何也不可能让这本书与读者们见面的。PHP 研究所的渡边祐介先生、樱井济德先生，在松下电器创业 100 周年的纪念活动中，工作被安排的满满当当的状态下，仍然挤出大量的时间安排本书的出版发行工作。如果没有编辑宫脇崇广先生的邀约，本书的创意也不可能变为现实。还要感谢与社内负责本书企划工作的宫脇先生一起为本书的出版尽心尽力的总编中村康教先生，为本书设计精美封面的井上新八先生等。在此，请允许我为本书的出版付出心血的所有人士表达深深的感谢之情。

此外，我还要向我的妻子和一周岁的长子表达满满的谢意。实际上，在本书快要完成之际，我在带孩子的过程中手臂骨折了，大部分的育儿任务和家务都落在妻子一个人身上，真的是给她添麻烦了。

我之所以能在连键盘都无法正常敲击的状态下，坚持完成本书，都是妻子和经常让我感到充满活力和幸福感的儿子的功劳。向两位表达我诚挚的谢意。

看起来风格古怪却充满正能量的名言集，史无前例的独特的松下幸之助的书，本书正是经过了上述历程来到了读者们的身边。

最后，请让我再回到序言中所说的话。

这本书的主角，归根结底是"你"自己。

请大家读过之后,作为本书的主人公,不要停下你实践的脚步。

今后,请踏上用"一页纸",对自身和周围的生成发展有所贡献的大路,让我们一起坚持走到底吧。

"一页纸"Works 株式会社　董事长　浅田卓

本书所引名言出处一览

书名	初版发行时间	概要	出版形式	电子版
《工作心得帖》	1973年2月	工作是晨间计划、白天执行、夜晚反省的重复。埋头企业经营半个世纪，从丰富的体验和深邃的思考中述说工作的要领。无论任何时代都相通的掌握商业本质的一本书	单行本 PHP文库 PHP商业新书	有
《经营心得帖》	1974年7月	景气与不景气，通货膨胀和通货紧缩，企业所处的经营环境不断变化。在变化的环境中如何扩大企业的经营规模，这是经营者被赋予的使命。"经营高手"为你讲述经营的微妙与精髓	单行本 PHP文库 PHP商业新书	有
《社员心得帖》	1981年9月	对于在企业组织中生存的人来说，需要具备什么样的心态呢？从新手到骨干再到干部，体会作为员工工作的喜悦与生存的意义，告诉你为了提高自身能力所必须要做的事情，是一部自我启发的书籍	单行本 PHP文库 PHP商业新书	有
《人生心得帖》	1984年9月	所谓人生的成功，松下幸之助认为就是将上天赋予自己的天分发挥到极致。那么如何发现并发挥自己的天赋呢？到了90岁说自己"仍然在修行途中"的松下幸之助赠予你的人生指南	单行本 PHP文库 PHP商业新书	有

本书所引名言出处一览

（续）

书名	初版发行时间	概　　要	出版形式	电子版
《实践经营哲学》	1978年6月	经营事业之根本是正确的经营理念。本书介绍了在众多的困境、体验中松下幸之助形成的经营观、经营哲学。是易于理解松下幸之助哲学精髓的经营者必读的一本书。	单行本 PHP文库 PHP商业新书	有
《经营的要领价值百万》	1980年3月	任何事情都有"要领"。只要掌握了要领事情就会令人吃惊地顺利发展下去了。这不是想要学就能学到的东西，而是所谓的"悟性"。松下幸之助结合自身经验向你诉说经营者的箴言。	单行本 PHP文库 PHP商业新书	有
《人生谈义》	1990年6月	本书作为松下幸之助的人生笔记，是从他92岁开始到过世前在月刊《PHP》连载的散文。松下幸之助晚年最后的感慨，都在这本书中。	单行本 PHP文库	有
《拥有一颗素直的心吧》	1976年9月	松下幸之助终生所追求的"素直之心"。它清的是看清事物的真相，能够使你强有力地、正确地踏上聪明的人生之路有的心。是让我们提升自我，培养素直之心，实现自己和他人、以及与万物幸福的处方。	单行本 PHP文库	有

(续)

书名	初版发行时间	概要	出版形式	电子版
《道路无限宽广》	1968年5月	本书是为了开拓命运、为了以崭新的心情迎接每一天的到来、基于对人生深刻的洞察写成的短篇随想集。被读者阅读了半个世纪，在日本出版发行突破530万部的超级畅销书。	单行本	有
《道路无限宽广》（附语音书）	2017年3月	由人气配音演员大冢明夫朗读《道路无限宽广》。收录了松下幸之助本人诵读的《珍惜每一天》。	单行本	无
《人事万华镜》《经营就是用人》	1977年9月	经营就是用人。业绩增长、不断发展的企业的秘密在于人。如何抓住每一名员工的变万化的人心，培养并发挥每一名员工的能力，这本穿插着各种小故事的书告诉你松下幸之助的用人之道。	单行本 PHP 文库 PHP 商业新书	有
《松下幸之助语录》全45卷	1991年4月～1993年2月	整理、编写松下幸之助在各种场合举行的演讲、谈话、访谈，记者招待会以及松下电器、PHP研究所、松下政经塾内的讲话、问答等的发言记录的书。	单行本 PHP 文库	无